FUNDO DO POÇO
O LUGAR MAIS VISITADO DO MUNDO

CRIS GUERRA

FUNDO DO POÇO
O LUGAR MAIS VISITADO DO MUNDO

notas de viagem

Dados Internacionais de Catalogação na Publicação (CIP)
(Câmara Brasileira do Livro, SP, Brasil)

Guerra, Cris
 Fundo do poço: o lugar mais visitado do mundo: notas de viagem / Cris Guerra. – São Paulo: Editora Melhoramentos, 2021.

 ISBN 978-65-5539-353-8

 1. Autoajuda 2. Autoestima 3. Histórias de vida 4. Memórias 5. Motivação 6. Sucesso I. Título.

21-80700   CDD-158.1

Índices para catálogo sistemático:
1. Autoajuda: Conquistas: Psicologia aplicada 158.1

Maria Alice Ferreira – Bibliotecária – CRB-8/7964

Copyright © 2021 Cris Guerra

Preparação de texto: Elisabete Franczak Branco
Revisão: Maria Isabel Ferrazoli e Sérgio Nascimento
Capa, projeto gráfico e diagramação: Carla Almeida Freire
Imagem de capa: AlexSmith/Shutterstock

Direitos de publicação:
© 2021 Editora Melhoramentos Ltda.
Todos os direitos reservados.

1.ª edição, 4.ª impressão, julho de 2024
ISBN: 978-65-5539-353-8

Atendimento ao consumidor:
Caixa Postal 169 – CEP 01031-970
São Paulo – SP – Brasil
sac@melhoramentos.com.br
www.editoramelhoramentos.com.br

Impresso no Brasil

PRESSENTIMENTO

A persiana quebrou, o chuveiro queimou, o gás acabou.

O dinheiro faz tempo que já não há.

E hoje a campanha foi reprovada pela terceira vez.

Sinto que alguma coisa muito boa está para acontecer.

— *Cris Guerra*

Prefácio

Era um domingo qualquer quando recebi uma mensagem da Cris pelo Instagram, dizendo que tinha lido uma matéria que contava um pouco da minha história. Eu estava sentada exatamente na mesma cadeira onde estou agora.

Meus filhos riam de mim porque eu dizia: "Gente, a Cris Guerra tá conversando comigo!"; "Gente, ela tá respondendo!"; "Gente, tá virando um bate-papo!". De lá pra cá, a conversa não parou mais. Já rimos, choramos, dançamos, desabafamos e desabamos juntas.

Sinto uma alegria enorme por chamar essa mulher de amiga. Me sinto em casa com ela. Ela é aquela pessoa que, até mesmo por uma mensagem de voz, faz você se sentir como se estivesse tomando um café ou um vinho em sua companhia.

Talvez a gente se entenda tão bem por termos uma história parecida (muitas perdas em um curto espaço de tempo). Ou, talvez, simplesmente por ela ser uma pessoa que todo mundo deveria ter a oportunidade de conhecer.

Eu e Cris perdemos os maridos precocemente.

Gui se foi, subitamente, quando a Cris estava grávida de 7 meses do Fran. Ela pariu uma criança linda, ao mesmo tempo que a dor do luto paria uma outra mulher.

Eu perdi o Marden, repentinamente, quando meus filhos tinham 5 e 10 anos. Uma morte trágica, por suicídio, mas que também me mostraria uma força e um potencial que eu desconhecia.

Eu e Cris perdemos o chão, o nosso presente e o futuro que imaginávamos que teríamos. Fomos de novo para um lugar que já conhecíamos: o Fundo do Poço. Mas naquele momento parecia que o fundo não tinha fim.

Passados vários anos, ainda temos o costume de ir para lá. Não por escolha, mas porque entendemos que esse lugar faz parte da vida. E não adianta querer fugir dele, pois muito podemos aprender durante esses momentos obscuros e de dor.

Nunca me esqueci de algo que escutei da Cris: "Quando o pior acontece com a gente, criamos uma força e uma coragem de quem não tem mais nada a perder". E assim nos transformamos. O "Para quê?" toma o lugar do "Por quê?". Enquanto esse último nos coloca em posição de vítima, o primeiro nos ajuda a encontrar uma oportunidade de mudança e entendimento de um propósito maior de vida.

Cris transformou sua dor em livros, palestras, colunas de revistas, moda e num exemplo lindo, vivo e bem-humorado de que é possível viver bem, apesar de tantas perdas. Eu transmutei meu sofrimento quando entendi que poderia ajudar pessoas em seus processos de luto, ao me tornar especialista em suicídio, comportamentos autolesivos, luto e cuidados paliativos.

Cris e eu tivemos de ser fortes. Não havia outra opção. Tínhamos filhos para criar. Que bom! Escolhemos seguir vivendo, em lugar de morrer junto com os nossos amores. Nossas perdas ensinaram que a vida é agora e precisa fazer sentido. Que o luto não precisa ser só dor. A alegria pode fazer parte do processo.

Assim nos tornamos mais conscientes e questionadoras, fazendo escolhas pertinentes sobre quem somos e quem queremos nos tornar.

Cris e eu sabemos o que é amar e o que é sofrer. E reconhecemos também o nosso legítimo direito de ser felizes. Mães solos, mães possíveis, mulheres inteiras.

Te amo, Cris. Obrigada por habitar a minha vida.

LUCIANA ROCHA, psicóloga e psicoterapeuta do luto

Receba as minhas boas-vindas

Eu sei que foi um luto que trouxe você aqui. Pode ter sido a perda de uma pessoa muito amada ou o fim de um relacionamento. Pode ser um momento delicado da saúde – física ou financeira. Pode ser a morte de um futuro que parecia certo. A morte de uma sociedade, de um plano, uma carreira, um projeto. De uma forma ou de outra, este é um livro sobre o luto. Sobre morrer e renascer.

E, não se preocupe, ninguém faz as malas antes de vir. Cedo ou tarde, durante a viagem, todos se veem nus diante de seus medos, suas imperfeições e suas vulnerabilidades.

Esqueça aquela história de que no Fundo do Poço tem uma mola. Sair antes da hora só vai servir para que você volte pra lá. Não há voo previsto para decolar do Fundo do Poço tão cedo. Então, por que a pressa? Puxe uma cadeira e aproveite.

Eu tenho uma razão muito forte para escrever este livro. Jamais imaginei ser capaz de transformar dor em alegria, mas isso aconteceu comigo e eu preciso dizer a você que é possível.

Neste livro compartilho alguns aprendizados que trouxe de acontecimentos transformadores na minha vida – vale lembrar que meus relatos não competem com os seus, e vice-versa. Não tenho a pretensão de evitar a sua dor, pelo contrário. Quero é colocar luz sobre o que ela é capaz de ensinar a você. Posso dizer que minhas percepções, a cada uma das minhas viagens ao Fundo do Poço, me ajudaram a fazer as pazes com esse destino que faz parte da vida. E assim ficou mais fácil seguir em frente.

Espero, de verdade, que cada página seja uma companhia de viagem, um alento e um incentivo pra você voltar melhor.

City tour

Não espere por fórmulas prontas ao ler este livro. Eu acredito em aprendizados pessoais, e não em fórmulas. Nasci num tempo em que saber as coisas demandava abrir um jornal, um livro ou um volume da enciclopédia. De terno e gravata, os vendedores da Barsa eram recebidos pela família na sala de visitas. O sofá virava auditório para aplaudir o ritual de abertura de um arsenal de conhecimento, ao nosso alcance em suaves prestações. Nas pesquisas para a escola, encontrar o tema no índice era uma alegria infantil tão intensa quanto demorada. O livro dos meus sonhos era *Como fazer todas as coisas.*

Hoje, diante de uma eventual oscilação do sinal de Wi-Fi, roemos as unhas de tédio. Em troca da agilidade nos roubaram o encanto: o grande sonho desse mundo de excessos é voltar a sonhar. A era digital quebrou paradigmas, mas nos acostumou muito mal. Queremos o tutorial de tudo, e pra ontem. Como descascar a cebola sem chorar. Como dar um nó numa haste de cereja com a língua. Como fazer um drone caseiro. Como dominar o mundo. Cursos on-line ensinam saúde, felicidade e equilíbrio em 12 módulos, parcelados em 10 vezes sem juros. Tudo isso, sem sair de casa. Tentando eliminar o imprevisto, o tempo do "como" jogou fora a intuição. A paciência escorreu pelo ralo. E ainda não inventaram tutorial que nos ensine a lidar com a frustração.

A informação ao alcance dos dedos deixou de ser desejo e virou perigo. A Barsa fica uma prateleira abaixo da farsa, cuja coleção está bem na altura dos nossos olhos. E se é um privilégio assistir a essa transição de era e participar dela, sorte mesmo é ter senso crítico para contemplar o absurdo e despertar dele. Mais do que a busca pelo sucesso a qualquer preço, o que cansa são as fórmulas. O excesso de virtualização das coisas traz uma vida asséptica, que não suja as mãos e não oferece riscos – nem o de uma eventual queda de um livro pesado sobre os pés. O verdadeiro perigo é desconectar-se da bússola que trazemos no peito.

Durante o trajeto, não deixe para trás a sua intuição. Siga do seu jeito, guardando o que fizer sentido pra você.

Boa viagem e boa leitura.

**No meio da pedra
tinha um caminho.**

O lugar mais visitado do mundo

Faz alguns anos que a França é o país mais visitado do mundo. Mas a cidade mais visitada do mundo não é Paris. No momento em que escrevo, a última pesquisa dá conta de que a cidade mais visitada do mundo é Hong Kong, na China. Discordo. Não é Paris, não é Hong Kong. Já estive em Paris algumas vezes, mas talvez eu tenha ido mais vezes para o Fundo do Poço. Conhece? Eu sabia. Pois é ele o lugar mais visitado do mundo. Aquele lugar da tristeza profunda, que dói quase fisicamente e nos deixa com um aperto no peito, de que medicamento algum dá conta.

Como ninguém admite ter estado lá, o lugar não aparece no Google. Não há quem poste uma foto nas redes sociais em um restaurante famoso do Fundo do Poço. No mundo dos sorrisos falsos e dos enquadramentos perfeitos, o destino não gera curtidas nem comentários. O engajamento é pífio. Mas pode apostar: o que não falta é gente postando nas redes os mais belos cenários quando, na verdade, se você ativar o localizador, vai ver que estão lá mesmo, no Fundo do Poço.

Nem sempre você sabe como foi parar ali. E jamais imagina achar paisagens interessantes justamente nesse lugar. Não vai render boas fotos. Estar no Fundo do Poço costuma ser motivo para se sentir ainda mais no fundo do poço. De modo que o único desejo de quem está lá é sair o mais rápido possível. O lugar da tristeza costuma ser também o lugar da culpa. Não aprendemos a aceitar que os momentos difíceis requerem um pouso e um tempo. E essa culpa nos coloca num ponto ainda mais escuro – se é que isso seja possível.

Mas existem relatos de pessoas que, depois de vivenciarem a tristeza, aprenderam a colocar mais sentido em cada momento, a olhar a vida com mais poesia. São pessoas que enxergaram esse momento como uma oportunidade de aprendizado. Sou uma delas.

Meu período mais longo no Fundo do Poço começou em plena gravidez. Tive de dar um jeito de tornar o passeio interessante, até porque eu tinha companhia. Portanto, arrumei nosso quartinho por ali, com vista privilegiada para aquela paisagem silenciosa e um tanto bucólica. Decidi dar voz à minha tristeza e encarar a viagem sem medo, até pra poder vivenciar a minha alegria, que tinha ido junto com o meu filho. Visitei museus e pontos turísticos, ouvi histórias reveladoras. E publiquei meus relatos de lá mesmo – acredite, no Fundo do Poço tem Wi-Fi. Postei foto sorrindo, mas também falei da tristeza, duas pontas de uma mesma linha. E as pessoas reconheciam aquele lugar, e a gente trocava experiências. Surpreendentemente, a viagem foi ficando interessante. Quando vi, estava fazendo o caminho de volta e nem percebi. Preferi olhar a paisagem pra não perder nenhum detalhe. Voltei com uma bagagem que apurou meu olhar pra vida e um aprendizado: o problema não é ir para o Fundo do Poço, o problema é ir e não voltar melhor da viagem.

Silencioso e solitário, sim. Mas com uma vista incrível para o céu. Esse lugar quer algo de nós. Melhor respirar e não ter pressa. Trocar de roupa, calçar um tênis e sair pra conhecer esse destino que tem vista privilegiada para dentro de nós mesmos. Não tenha pressa, aproveite a viagem. Um dia você acorda e descobre que já não está mais lá.

Nas horas tristes, filho, não diga nada.
Coloque um silêncio bem alto no aparelho de som.
E comece a escrever bem baixinho.
(Chorar até que pode, desde que não lhe embace a vista.)
Só não pare: tristeza é pra escrever.
Tome posse dessa dor que é toda sua.
Até que passe e venha outra mais bonita.

Sobre aprender a viajar

Nunca fui daquelas pessoas com rodinhas nos pés. Apesar de sentir uma alegria imensa ao conhecer novos lugares, por muito tempo eu não tomava a iniciativa de fazer uma viagem. Viajar demanda planejar, investir, fazer roteiros e, claro, saber esperar. E eu era imediatista demais pra isso. O que para uns é liberdade, para outros é travessia.

Viajar é soma de esperas – pelo embarque, pela decolagem, para sair do avião quando ele pousa. Sem contar o trajeto em si. No desafio de aceitar o que não depende de mim, faço um alongamento da paciência, compensado pelas surpresas que me esperam – ou não – no destino. Nas melhores viagens, a expectativa vai apertada no bagageiro. Quanto menos espaço pra ela, melhor.

Uma das minhas viagens inesquecíveis foi um presente-surpresa de um namorado. Ele me ligou pela manhã, convidando para uma ida a Buenos Aires naquela noite. A despeito do momento delicado por que passava a relação, o passeio foi um sucesso. Além do destino delicioso, houve pouco espaço para a expectativa, já que nem precisei aguardar o dia da partida.

Ironicamente, a vida se encarregou de me levar a lugares indesejados, sem que eu precisasse comprar a passagem.

Travessias emocionais me ensinaram que centenas de quilômetros são mais fáceis de transpor do que distâncias misteriosas entre sofrimento e paz. E foi essa bagagem que me trouxe a oportunidade de viajar como palestrante pelo Brasil. Até me ver fazendo três viagens semanais a trabalho, como se tivesse nascido pra isso.

Foi viajando que compreendi: o segredo de viajar bem é aprender a me fazer casa. Preparo uma mala de mão com o essencial, levo um bom fone, escolho a melhor playlist. Enfeito o trajeto para que ele me acolha. E assim me faço confortável em qualquer sala de embarque ou poltrona. Puxo conversa com o passageiro ao lado pra tirar férias do meu enredo. Hoje eu me desloco com certa facilidade e não tenho dúvida: qualquer destino sobre a face da Terra está ao meu alcance.

Viajar é se permitir. Você tira férias de casa, da rotina, até da sua condição financeira. Permite-se refeições mais caras, compra presentes, abre espaço para o incomum. Tudo assume um sabor de "agora ou nunca". O que nos leva ao aspecto mais revelador sobre o viajar: é um tremendo exercício de humildade.

Saio do meu porto seguro e, além das malas, levo minha vulnerabilidade. Vou para um lugar que conheço pouco ou nada, onde não tenho amigos e onde posso eventualmente perder bagagem, documentos, dinheiro – a probabilidade de isso acontecer é relativamente pequena, mas bastam algumas histórias contadas pelos amigos para constatar que todo viajante costuma colocar na mala um bocado de sorte.

Se no dia a dia tenho um *closet* lotado, durante a viagem aprendo a otimizar o que coube na mala. Me entrego aos cuidados de outrem, com uma confiança e uma tranquilidade que não fazem parte do cotidiano. Não tenho constrangimento em pedir ajuda e normalmente sou bem recebida pelo nativo – há um certo acordo tácito prevendo credulidade de um lado e condescendência de outro. Aprendo a distinguir o essencial, o que importa. Ajusto a dimensão e o valor das coisas. E, acima de tudo, aceito que não será possível controlar tudo. E faço tudo isso por escolha.

A verdade é que não é possível viajar sem uma porção de entrega e confiança. Ao sair da segurança rumo ao desconhecido, levo também uma fé no ser humano. E ainda tenho a alegria de voltar pra casa, com o olhar renovado sobre o trivial.

Viajar renova, recicla, transforma, atualiza, nos torna mais vivos. Agora eu pergunto: por que não trazemos esses aprendizados para a vida cotidiana?

Dadas essas reflexões, quero dizer a você que o lugar da tristeza tem o seu percurso. Quando você abandona a postura de fuga, esquece da pressa de voltar e se distrai com as descobertas no caminho. Nem todas as viagens são escolhidas, mas você pode fazer o seu melhor para tornar o trajeto mais agradável. O exercício de humildade que a vida lhe pede nesse momento pode ser transformador se você o receber de braços abertos.

O medo. A coragem. Os desejos, os sonhos, as dúvidas, as dores. Os fantasmas. Tudo isso são nossos companheiros de viagem, e eles nos acompanham sempre.

Não espere o tempo em que não houver medo para aprender a viver. Esse tempo nunca chegará. E talvez seja para aprender com eles, nossos companheiros, que você viaja.

Este não é um livro sobre como sair do Fundo do Poço. É sobre saber viver enquanto você está lá. E sobre, eventualmente, gostar de passar um período ali. Sobre aprender que o medo, a coragem, os desejos, os sonhos, as dores, as dúvidas e os fantasmas são companheiros de viagem. Sobre não esperar o tempo em que não houver medo pra começar a viver. É sobre a vida ser viagem, e não chegada.

**Ter medo é sempre
mais confortável.
Imagina que trabalho
descobrir o tamanho
do seu poder.**

O que me credencia como guia desta viagem?

Bom, eu já estive nesse lugar diversas vezes e posso dizer que aprendi a conhecê-lo. Ao longo deste livro eu vou contar algumas passagens que explicam melhor a minha relação com o Fundo do Poço. Mas houve uma visita que se tornou um divisor de águas na minha vida e que acabou transformando a minha visão sobre esse lugar e sobre o que podemos fazer da vida depois de passar por ele. Você está com tempo?

Minha avó perdeu o marido aos 23 anos, com duas filhas e esperando a terceira. Sempre me impressionou o fato de minha mãe não ter conhecido o próprio pai. Minha avó paterna se casou com o viúvo da irmã. Viveu até os 95 anos com o entusiasmo de uma criança. Sou bem parecida com ela, também costumo rir de mim mesma e sinto que vou viver muito. Tomara.

Minha mãe era uma mistura de força e doçura. Meu pai falava pouco. A voz era grossa. Tiveram cinco filhos, dos quais sou a caçula temporã. Brinquei sozinha e sozinha tive que desbravar alguns caminhos. Aos 55 anos, minha mãe morreu de câncer. Pra mim foi mais difícil conviver com os dois anos de doença do que com a morte. Com a ida de quem fazia a ponte entre nós, eu e meu pai finalmente nos conhecemos.

Nosso tempo foi pouco: ele se casou de novo, depois descobriu um câncer, ficou dois anos em tratamento. Sete anos depois da Mamãe, foi do meu pai que me despedi.

Eu me casei com um cara muito diferente de mim. Engravidei logo, mas tive um aborto em seguida. Engravidei de novo, perdi de novo. Passamos um ano obcecados por uma nova gravidez. Éramos uma combinação infeliz: juntos, tínhamos o pior um do outro. O casamento durou dois anos e meio. Já esqueci as coisas ruins. O aprendizado, não.

Mas um novo amor veio de onde eu nunca poderia imaginar. Um abraço a cada manhã no trabalho. Era assim a nossa amizade. Está certo que eu gostava do cheiro dele, da temperatura do seu corpo. Mas nunca parei pra pensar nisso. Precisou um verão, uma pista de dança, nós dois rodeados para só termos olhos um para o outro. E isso fez uma revolução em mim. "É tudo verdade", ele me escreveu no dia seguinte. O primeiro de uma série de e-mails trocados no trabalho, um de frente para o outro, separados (ou unidos?) pelos computadores.

Em pouco tempo, vi crescer dentro de mim um amor que não cabia. Eu tinha uma urgência de viver tudo, inteira, intensamente. Sentia um medo inexplicável de que ele fosse embora de repente. Ele sabia escolher as palavras. Sabia estar presente mesmo de longe. Tinha um delicioso senso de humor. Eu nunca tinha convivido com alguém tão suave. Passávamos boa parte do tempo rindo. Cantávamos juntos nas viagens de carro, assistíamos à novela.

Líamos nas manhãs de sol. Coisas simples faziam do nosso dia a dia um luxo. Eu tinha aquela sensação quase de alívio de quando a gente encontra o amor de verdade.

A notícia da vinda do Francisco foi um susto delicioso. Depois, o medo de perdê-lo. Na primeira ultrassonografia, o bebê media sete milímetros, mas seu coração se fazia ouvir em alto e bom som. Um desses raros momentos em que a gente sabe direitinho o que é felicidade: aquele espaço rápido entre uma ansiedade e outra, em que tudo parece perfeito. E é.

A barriga crescia e, com ela, meu amor pelo Gui, o amor dele por mim, minha confiança no futuro, nossos planos de finalmente construir uma família. E o medo da perda ia desfocando na minha cabeça. Na virada para 2007, na praia, tínhamos feito dezenas de novos amigos; e minha maior felicidade era saber que enfim tínhamos chegado ao ano em que Francisco nasceria.

Paz no trabalho, nosso filho chegando e nosso amor, um verdadeiro descanso na loucura. Nessas horas, temos muito a perder. Era estranho. Bastava não conseguir falar com ele pelo telefone para pensar no pior. Quantas vezes ele se irritou com isso. "Tenho tanto medo de você morrer", comentei com ele em janeiro. Ele sorriu: "Amor, eu não vou morrer nunca. Você também não".

O dia 17 de janeiro amanheceu ensolarado como ele gostava. Comi o restinho do pote de geleia de morango que ele tinha feito para mim e fui para o trabalho. Nessa época, já trabalhávamos em agências diferentes.

Antes de entrar numa reunião, enviei um e-mail que não teve resposta. Horas ligando para o trabalho, para o celular, para casa. Incrível a rapidez com que comecei a construir a notícia na minha cabeça.

Uma porta, um olho mágico, um buraco revelando o que eu tanto temia. Finalmente a porta arrombada, e eu sem coragem de entrar. "Meu amor, nosso filho", eu me lembro de ter gritado. Um amigo me abraçava forte. Ainda bem que ele estava ali para me segurar.

Lembro de uma sensação insuportável de injustiça e de uma esperança absurda de que tudo fosse um equívoco. Nossa vida me veio à cabeça como um filme, mas um filme sobre o futuro. Um filme interrompido no auge. Aquela era a morte de tudo o que eu e ele tínhamos sonhado. Como, se o nosso filho ainda nem nasceu? Se ontem à noite ele estava comigo e tínhamos tantas certezas? Como, se ele tinha a alegria tatuada no braço?

Parecia o desfecho de uma história fantástica. A cena congelada para nos ajudar a acreditar. Por pouco não ouvi a trilha e os aplausos. Teve plateia, sim. Amigos que não paravam de chegar. Tanta gente deixando o seu choro para depois para me acudir.

Se o coração dele simplesmente parou de bater (ele provavelmente foi vítima de uma arritmia cardíaca), o coração do Francisco dentro de mim é que me manteve viva. Eu tinha medo de acordar no dia seguinte. Era tanta falta para tanto tempo pela frente. A maneira suave como tudo aconteceu a mim soou como uma grande violência.

E eu descobriria uma inesperada semelhança com minha avó materna. Alguém poderia dizer "Você é forte, já perdeu pai e mãe". Mas é muito diferente. Ele não era de onde eu vim, era para onde eu ia.

Amigos fazendo o almoço, dormindo comigo, montando o quarto do Francisco. Irmãos, tias, primos, abraços, e-mails, vozes, mãos preciosas ao meu redor. "Não posso desistir, tenho tanta gente querendo me ver bem". E eu, sempre independente, aprendi a dizer "Preciso de você".

Não por acaso, nosso filho nasceu em 21 de março de 2007, no primeiro dia do outono, e a nossa história tinha começado em 21 de dezembro, quando começa o verão no Brasil. Francisco veio determinado: parto normal, rápido e tranquilo. Tão pequeno e já tão grande, parecido com o pai, fez nascer de novo o meu amor pelo Gui. Vivi tudo com a intensidade que o momento pedia. Pari o filho e o choro. No meu momento mais triste, a alegria começava de novo. Seu sorriso me dizia que ele não tinha trazido a dor da perda. Mas eu ainda sentia necessidade de falar sobre isso.

Em julho, decidi escrever para o Francisco, e assim nasceu o meu primeiro blog (*Para Francisco*). Depois, de brincadeira, fiz um blog mais leve, mostrando todo dia a roupa que eu tinha escolhido para ir trabalhar (*Hoje vou assim*). Um fez sucesso e acabou divulgando o outro. Os leitores descobriam uma história real por trás da mulher exuberante e cheia de vida. As pessoas encontraram alegria na vida de uma mãe solo que tentava elaborar o luto do marido.

No fim de 2008, o blog *Para Francisco* se transformou no meu primeiro livro. No ano seguinte, comecei a escrever crônicas em revistas. Em 2010, ganhei uma coluna no rádio, apostei na vida de autônoma e profissionalizei a minha produção de conteúdo sobre moda e comportamento. Comecei a dar palestras pelo Brasil (em 2018, fiz um TEDx, "O lugar mais visitado do mundo") e não parei mais. Graças às empresas que me contratam para falar sobre meus aprendizados em desenvolvimento pessoal, hoje conheço bem mais esse país enorme que é o Brasil. Em 2013, foi a vez de o blog de moda se transformar em livro, figurando na lista dos mais vendidos da revista *Veja*. A história não parou mais. Contando com este que você tem nas mãos, são oito livros até agora. Eu era publicitária, hoje sou comunicadora, no sentido amplo da palavra, com um trabalho mais abrangente e que faz todo o sentido pra mim. A experiência humana é minha matéria-prima.

Até hoje me pergunto se fui eu quem pariu o Francisco ou se foi ele quem me pariu. Verdade é que nasceu no tal Fundo do Poço uma mulher cuja força e potencial eu desconhecia. Mas isso é assunto para os próximos capítulos.

A borboleta não sabe que já foi lagarta. E voa.

Como é que eu vou sair daqui?

A pergunta que você se faz ao se perceber no Fundo do Poço na verdade são duas perguntas em uma. Enquanto grande parte das pessoas se preocupa em encontrar um meio de ser resgatada do Fundo do Poço, você pode dar outro foco. Que tal pensar em como você estará quando finalmente estiver apto a sair dali? Quem você terá se tornado?

"Sai dessa", "Não fica assim", "Veja o lado positivo". As pessoas à sua volta vão fazer de tudo pra distrair você da sua dor. Jamais permita que lhe tirem o direito de reconhecer, sentir e expressar o seu sofrimento. Olhar para a dor é o ponto de partida para lidar com ela. Observar, nomear, investigar as sensações que ela lhe causa. Aprender com ela, em lugar de adiar esse confronto.

O medo de ficar preso nesse lugar e o desespero de fugir a qualquer custo podem levar você para um lugar ainda mais fundo no Fundo do Poço. O único caminho para sair da dor é viver a dor. E esse período é indeterminado, não dependerá totalmente de você. O que depende de você é a maneira como você vai se dispor a vivê-la. Colocar a sua atenção em sair melhor dali ou, mais do que isso, em fazer desse momento uma oportunidade tem o potencial para transformar a sua estada ali. Porque, como qualquer viagem e qualquer instante, isso não vai se repetir. Você pode fazer alguma coisa para tornar esse período, no mínimo, interessante.

É parecido com estar numa sala de espera ou numa sala de embarque. Ou estar numa poltrona de avião, a caminho do Japão. Avião que, apesar de estar voando, do seu ponto de vista parece estar parado. A percepção sobre a velocidade, o deslocamento e o tempo é relativa, concorda? Depende de onde esteja o observador. Não conheço alguém que goste de esperar, mas conheço muitas pessoas que aprenderam a fazer do período de espera – inevitável – um tempo produtivo e até mesmo interessante, cheio de descobertas.

Você não volta dessa viagem para a mesma vida de antes. Você vai para outro lugar, que fica mais adiante. É um passo. E, por mais sofrido que seja, sempre será um passo à frente. E então eu lhe devolvo a pergunta: **como é que você vai sair daqui?**

Eu me lembro dessa burrice bonita de que é feita a última esperança. Eu me lembro de insistir em não acreditar no que meus olhos gritavam para eu ver. Eu me lembro de finalmente conhecer o que seria capaz de nos separar, o que seria capaz de me fazer desistir dele. Eu me lembro de lembrar do medo e então tudo fazer sentido. De uma vontade de estar errada, como das outras vezes. Diante de mim, o silêncio e a não explicação. No pensamento, sonhos que eu não admitia mortos também. Atrás de mim, uma despedida que não foi. E acima da minha cabeça, um céu azul ensolarado, iluminado de realidade.

Rua sem saída

Muito cedo ela tirou de mim quatro pessoas que eu amava profundamente, além de dois filhos antes que eles pudessem nascer. No auge da dor, cheguei a escrever: "A morte me persegue covardemente, sem coragem de me matar".

"Quanto tempo vai demorar para eu morrer também?", foi o que me perguntei quando o Gui morreu. Então me lembrei de que não podia morrer, eu tinha uma vida crescendo apressada dentro de mim – quem salvou minha vida foi alguém que dependia de mim para existir. Se a gravidez é uma verdade que vai crescendo à medida que a barriga cresce, a morte é uma verdade disfarçada de absurdo. Não fomos educados para acreditar nela, sequer aprendemos a aceitar que ela existe. A morte é simples, assustadoramente simples. Você olha para um corpo inerte que era de alguém que você amava muito e então compreende. Aquela pessoa não está mais ali.

Não é um problema para ser resolvido, não é uma doença para ser curada. A morte é um fato. Não se arrepende, não volta atrás. É desfecho. O verdadeiro "para sempre". De um segundo para outro, o mundo se torna um lugar assustador.

Muito rápido aprendemos que pouco ou quase nada está sob o nosso controle. Nem sob o nosso, nem sob o de qualquer outra pessoa que nos rodeie. Amigos me deram um remédio pra dormir. Não dormi. Mais tarde, uma amiga colocou um mantra pra tocar no meu quarto. Aquilo só agravou o meu sentimento de solidão. Conheço o amor que mora no desespero de tentar ajudar, mas não há alívio imediato. Nem nas horas seguintes, nem nos dias seguintes. A perda é o início de um processo, uma jornada. É inútil ter pressa.

A falta é uma porta por onde ninguém entra, um eco dentro de nós. O outro fica *blasé* de repente, não dá um telefonema, transforma diálogo em monólogo. É um tempo em que nos perdemos de nós mesmos, uma espécie de condenação. Era o começo de uma viuvez, mas também era um aborto: com o coração dele que parou de bater, morreu nosso futuro. Eu estava a caminho de um lugar que deixou de existir.

Curta e grossa, simples e direta, a realidade é o que é. Não doura a pílula, não mente pra ninguém – mais franca, impossível. Nós é que tentamos nos enganar para não acreditar no que ela quer nos dizer.

Acordar. Respirar. Pensar. Existir. Não há um verbo que não doa depois da perda. Talvez dormir alivie, que é quando a dor adormece. Momento em que o medo desperta: será preciso enfrentar o dia seguinte. É assim até que a gente se acostume. A morte se repete muitas vezes. Ao acordar, está lá a morte de novo. A cada lembrança, outra morte. Até que em nós ela morra de fato – e isso demora. Quando Francisco nasceu, foi parecido. Só que era vida. Toda hora a vida de novo. A cada instante olhar e ver: nasceu, é meu filho. Respira, mexe, chora, mama, é vida.

"Está tudo bem mal", respondia a minha amiga quando lhe perguntavam se estava tudo bem, dias depois de ter perdido a mãe. Ela estava no seu direito. "Vim te trazer um pouco de alegria", teria dito uma pessoa do seu relacionamento, tentando ajudar. Que solidão ter uma dor que ninguém acessa. Parece insuportável vislumbrar o limite da impossibilidade. É preciso um tempo próprio para lidar com a notícia de que tudo terá de mudar a partir de agora.

Eu me lembro de vagar pela cidade como numa cena sem áudio. Olhava ao redor e me perguntava com que direito as pessoas sorriam, se dentro de mim as luzes estavam apagadas. A morte mata também o enlutado. Ele precisa de um tempo para entender que está vivo – até porque nem quer estar.

Enquanto isso, a morte permanece ali, imóvel. Você é quem tem de aprender a mudar de lugar diante dela. Cada um encontra a sua medida, o seu tempo para lidar com a perda. O primeiro passo é aceitar o que não pode ser mudado. Mascarar a dor é adiar o início da viagem. E é preciso aceitar para que o luto, enfim, comece.

Cheguei ao Fundo do Poço num elevador onde só cabia uma pessoa. Um elevador pequeno, apertado, mas panorâmico: enquanto eu descia, eu via o mundo em movimento. A morte gosta de nos atrair para o lugar de vítima. E isso até acontece por um tempo, mas depois cansa. É fundamental que o mundo à nossa volta continue caminhando. Essa solidão que incomoda e machuca nos chama pra agir. Diante do que não pode ser mudado, só nos resta transformar a nós mesmos.

**Perder alguém
pode ser ganhar
um pouco mais
de si mesmo.**

Oásis

Eu não teria conseguido reunir, nem mesmo numa grande festa de aniversário, aquela quantidade de pessoas que estava ali para se despedir do Gui, para me abraçar ou abraçar seus pais e irmãos. Em meio à dor e à perplexidade, foi preciso reconhecer a beleza do gesto, o privilégio de ter tantos amigos por perto manifestando sua tristeza, seu apoio, seu amor.

Por outro lado, foi frustrante constatar que o próprio Gui não teve a oportunidade de descobrir a dimensão do seu legado, quantas pessoas estavam órfãs do seu amor. Mas eu não poderia deixar que a dor ofuscasse a alegria de receber esse presente em vida. Lembro-me de muitos abraços, de pequenos gestos fazendo-se grandes, de presenças inesperadas e aflitas, de um mutirão de amores e pessoas que há muito tempo eu não via. É quando a gente olha em volta e compreende o que o nosso afeto conseguiu construir.

O luto é uma oportunidade para compreender quanto somos amados. A dor pode nos embaçar a vista, mas não nos impede de enxergar o privilégio de ter amigos.

E um bom amigo parece ter a senha da nossa alma. Aponta o caminho com a precisão de um GPS: você ouve e segue em frente – ou à esquerda, ou à direita. Como quem desarma um alarme acionando a tecla certa, o amigo acessa a calmaria na gente. É o melhor analgésico que existe. Tem amiga que leva você pra Cartagena pra curar dor de cotovelo. E, mesmo sem ter a solução para os seus problemas, topa falar sobre eles pra tirar o peso das suas costas. Tem amiga que oferece o pouso, sem data limite para check-out, quando você se separa e precisa construir tudo de novo, do zero. Tem o que banca a sua terapia no momento mais duro da vida. A que recebe você como mãe, preparando mesa de cidade do interior a cada encontro, com a melhor louça, o guardanapo que ela mesma bordou à mão. Tem amiga que deposita auxílio emergencial quando ela mesma não sabe de onde tirar o auxílio dela. Tem amigo que, quando você vê o nome no visor do celular, parece que tomou floral de Bach.

Ou pode ser você o bote salva-vidas que chega logo depois da tempestade. Amar o outro e correr para acudi-lo, mesmo nos nossos momentos mais duros, nos distrai das nossas dores. Conseguir acalmar, daqui, a amiga que está a oceanos de distância. Fazer uma playlist curativa e dar um jeito de fazer parte do dia a dia dela. Mandar um meme às 3 da manhã e garantir o abdominal em plena madrugada.

Tenho uma amiga que faz os melhores trocadilhos do mundo e, prova maior de amizade, está sempre pronta para rir dos meus também. Tem aquele comentário certo sobre a circunstância mais bizarra, que você manda na hora certeira, em tempos que parecem ficção. Tem bom-dia de amigo que transmuta qualquer mau humor. E assim deixa a gente em estado de poesia.

Amizade genuína é lugar sem tempo. Sinto como se tivesse nascido ali, no momento em que o laço se fez, e o restante importa pouco ou quase nada. Com velhos amigos esqueço minha data de nascimento, minhas fraquezas viram assunto e logo estamos dando risada. Juntos somos palhaços, aprendizes, perdedores, medrosos, ingênuos, crianças. Não temos ideia de quem seremos quando, e se um dia vamos, crescer.

Amigo é amor que vicia, mas sem efeito colateral. Desperta confissões inéditas, faz brotar risadas de terrenos áridos, quebra silêncios com sarcasmos curativos. Saímos dali sempre leves, enxergando a vida bonita de novo. Palavra de amigo vai do ouvido direto para o coração e ali fica hospedada por dias. Vigia meu sono, espreita meus fantasmas e, sempre que preciso, adentra meu quarto escuro e acende a luz, mostrando que não tem nada de tão assustador ali. Amigo é palavra mágica. O espelho pra gente enxergar semelhanças e contrastes, retratos do exagero, pesos que não existem.

É uma alquimia ser o oásis de alguém. Um privilégio acessar a serenidade do outro, trocar figurinhas e, na mescla de dores e perguntas, descobrir novos tons pra colorir o álbum da vida. E nesses territórios sem tempo a eternidade acontece.

E, quando o que você mais teme acontece, você está livre do medo.

Relaxe, você não está no controle

A irmã do meu pai era incapaz de matar um mosquito. Tinha pavor de incomodar quem quer que fosse. Até o controle remoto ela deixava quietinho em cima da TV e, acredite, levantava-se do sofá a cada vez que ia fazer uso do aparelhinho – que rapidamente devolvia ao seu lugar, como quem pede desculpas pelo incômodo. Sua etiqueta a impedia de deter algo ou alguém que não fosse ela mesma.

Discreta, minha tia fazia o diabo para permanecer invisível. Um acidente vascular cerebral tratou de provar que até o autocontrole tem um quê de utopia. A doença foi coerente com seu estilo de vida: foram mais de 30 anos desde a primeira crise até a sua partida. Minha tia foi deixando o mundo suavemente, para que aos poucos nos habituássemos à sua falta.

Minha ilusão de poder controlar as coisas estava em cada milímetro do meu armário rigorosamente organizado. Era a minha forma de tentar domar os fatos. Mais adiante a ilusão do controle se mostrou no consumo compulsivo. A relação de compra e venda quase não pede mediação: eu escolho, lhe entrego o cartão, você me dá a sacola, eu levo pra casa, pronto. Como eu gostaria que o mundo fosse. Até chegar o boleto.

Precisei ser arremessada sem escalas ao Fundo do Poço para enfim compreender: não, a vida não tem controle remoto – nem na minha mão, nem em cima da TV. Pra ser sincera, foi um alívio descobrir que a vida não está sob o meu controle e que algumas coisas simplesmente não dependem de mim. É cansativo brincar de Deus sem poder tirar férias. A obsessão de controlar o entorno costuma nos impedir de enxergar o que nos cabe.

Para os que insistem em não aprender, a vida repete a lição com igual teimosia. Como na história do casal que minha amiga conheceu um dia. Comemoravam emocionados a gravidez viabilizada por uma barriga de aluguel. "Nosso filho não terá problemas degenerativos", contaram orgulhosos. A encomenda do embrião foi meticulosa para uma parentalidade sem maiores sobressaltos. O dinheiro é bom nessas coisas; e tudo parecia estar correndo de acordo com o previsto, exceto por um detalhe: eles teriam pedido um menino, e estava a caminho a pequena Lua. Com a missão de ser o sol de suas vidas.

Eu me lembro de decidir que ouviria uma música insistentemente. Como se fosse uma recomendação médica: ligar o computador, olhar fixamente para a nossa foto juntos, escutar a música e chorar. E repetir o exercício quantas vezes fosse necessário. Até esgotar o choro, até o cansaço superar a dor.

Cataratas

Tem dias que é preciso chorar. Simples assim. Como quem abre as comportas de uma hidrelétrica. Libertar as dores represadas por anos, dissolvidas num caldo só. É que as dores da vida vivem fugindo pra dentro de nós, e nem sempre as palavras dão conta – pra falar a verdade, quase nunca. Melhor não confiar neste mundo que insiste em nos treinar para sorrir. A vida é uma troca desequilibrada, e chorar corrige a balança. O choro não é a dor, é a porta de saída da dor. Lágrima é mapa.

Quando choro uma dor, choro todas. Abro janelas por onde possa entrar o sol. Lavo a alma como quem lava os pés. Deixo correr as lágrimas sem nome, que nem sabem de onde vieram, só sabem que precisam ir. Chorar é coisa de quem aprendeu a cultivar nascentes em si, pra deixar escoar o que não cabe. A vida é um renascimento atrás do outro, e pra nascer a gente chora. Treina os pulmões pra enfrentar o mundo, aprende a trovejar.

Chorar, chorar, chorar. Não por fraqueza, mas como antídoto pra ficar mais forte. Sozinho ou no colo de alguém. No banho ou na mesa de bar. De tanto amar ou de ódio. Na cama, que é lugar quente. Por mais uma vez não ter dado certo ou por finalmente ter conseguido. Por vontade de desistir ou por determinação em insistir. Por relaxamento ou por fúria. De raiva ou de rir. Chorar pra não represar a água. Chorar é rio que passa em nossa vida, e se não passar empoça em outro canto até virar desabamento. Chorar é preciso. Navegar nas lágrimas, remédio. Lavar a alma com água e sal, balançar o corpo e recomeçar.

Não fique firme. Desabe. Desague.

O segredo do meu riso solto é
que eu choro feito gente grande.

Viagem solitária

Depois que minha mãe se foi, meu pai espalhou seus objetos pela casa, como rastros que pudessem desenhar um desfecho diferente. O chinelo, a cesta de tricô, os óculos. Deixei minha dor em segundo plano e respeitei a escolha dele. Convivi com aqueles pedaços dela que, aos poucos, foram desaparecendo. A falta não faz cerimônia, ocupa todos os espaços. No ano da partida do Gui, foram as placas de carros que operaram essa tortura. Na época, veículos emplacados em Belo Horizonte costumavam ter o prefixo GUI. Nem saindo de casa eu podia me distrair da falta.

Perder quem amamos é morrer um pouco, mesmo que o coração insista em bater. O luto nos torna um lugar ruim. Queremos fugir de nós mesmos, emprestar outra vida, perder a memória, trocar de papel. Qualquer coisa que nos tire a dor com a mão, que nos salve do horror de sentir que alguém foi amputado de nós. Enquanto isso, o mundo em volta não acessa nossos sentimentos. Toda e qualquer tentativa de ajudar parece tola ou vã.

Fiquei uma semana sem trabalhar e, diga-se de passagem, praticamente o mesmo período sem conseguir me alimentar direito. Eram muitas solidões e uma exaustão de corpo e alma. Esperto, Francisco sugou minhas reservas para continuar crescendo saudável na minha barriga. Perdi quatro quilos, ele não perdeu um grama. Eu não queria me levantar, mas tinha de voltar ao trabalho, onde ocupava um cargo de diretoria, até que o bebê nascesse e eu pudesse enfim sair de licença – minha permissão pra desabar. Não pude contar sequer com os meus planos de enfim transbordar minha tristeza: dias depois do nascimento dele, meu chefe pediu que eu voltasse da licença, alegando que cumprir o prazo previsto seria uma ameaça ao meu cargo. Sem pai, sem mãe, sem marido e com um filho pra criar, achei por bem acatar. Não sem prejuízo para a amamentação, claro. O corpo respondeu rápido a mais uma "morte súbita", desta vez dos meus direitos trabalhistas. Mais um luto para enfrentar.

O momento menos solitário da perda talvez seja a primeira semana, o primeiro mês, enquanto duram os rituais de despedida. Passam-se alguns dias e todos retomam suas vidas. Ninguém mais quer falar sobre isso. A não ser o próprio enlutado, que não quer falar de outra coisa. Agora é que a dor vai começar. E parece que não vai parar nunca. Talvez fique para sempre mesmo: a perda vai se alojando no corpo, como bala encapsulada, até não incomodar mais.

Meus amigos se revezaram para dormir em casa comigo nas primeiras semanas. Logo chegou o Carnaval, agradeci a cada um e sugeri que fizessem suas viagens, que fossem descansar. Eu precisava ficar só, me acostumar ao silêncio e à ideia de como seria a vida a partir de então. Conhecer a minha tristeza passava pela coragem de ficar a sós com ela.

Veja você como a vida é chegada numa ironia: o luto é praticamente um parto. É preciso reaprender a viver sem a pessoa que se foi, como quem nasce de novo – e nascer é exercício solitário. É como viajar sem companhia para um lugar que não conhecemos. Sozinhos afundamos, sozinhos precisamos emergir. É preciso, sim, viver o luto, entregar-se a ele. Viver o luto para não viver de luto.

Está certo, tem gente que parece não querer sair dali. Faz desse lugar uma espécie de zona de conforto (ou de desconforto?), mas sem se envolver muito. Passa anos no Fundo do Poço, trancado no hotel, assistindo à TV. Mas, se quiser de fato sair dali, terá que enfim entregar-se à dor.

Quanto à morte, não há o que possa ser feito. Mas algo no luto pode ter o nosso traço. Podemos, sim, fazer a escolha de vivê-lo por inteiro, em lugar de adiar o confronto. Cada um descobre sua forma de colocar a dor para trabalhar em outra direção. Com paciência, o tempo muda os afetos de lugar. E então a dor leva você a outros lugares. Abre seus olhos, ensina a mudar de assunto. E assim, distraidamente, vai mostrando a vida de novo – agora outra, porque sempre é tempo para mudar.

Francisco nasceu dois meses depois. "Então é de verdade?", foi o que eu disse na sala de parto. Quando veio para o meu colo, imediatamente parou de chorar. Ter alguém que precisava de mim para absolutamente tudo me fez descobrir uma força improvável. Eu era a mãe mais feliz. Era também a mulher mais triste. Precisava acolher as duas.

Assim como a rotina de cuidar de uma criança, segui no exercício de aprimoramento humano de tentar um dia, tentar de novo, seguir tentando, até conseguir. Ao longo da estrada, de vez em quando entrava um vento de dor por uma fresta insuspeita, atingindo a pele com um frio de tristeza. Um reumatismo de amor que se fincava e maltratava.

Como criança que cresce, o luto demanda tempo. Enquanto isso, não sai por aí despertando sorrisos. Num mundo programado para a felicidade, o luto constrange. Abre um hiato de mal-estar. As pessoas diziam "Você vai dar conta", mas eu queria bem mais do que dar conta. Se a perda nos obriga a renascer, que fosse numa versão melhorada. Se a presença do Gui tinha sido capaz de fazer tanto na minha vida, algo me dizia que sua ausência teria o potencial de operar o inimaginável.

Transformar falta em saudade é como fazer origami. Dobrar o papel até que ele voe. Até que fique mais o amor que a pessoa. Com o tempo, a dor arranja um lugar para se acomodar. Ela não tem essa perseverança toda, a não ser que você insista em perseverar por ela. Você se cansa do sofrimento, ele se cansa de você e um dia você percebe que dói diferente, que já não dói tanto. Procura pela dor e ela está escondida, como a chave do carro dentro da bolsa.

Dos meus pais, vivi o luto da morte anunciada. Dos abortos espontâneos no primeiro casamento, o luto "clandestino", não reconhecido, quase proibido. Na partida da minha avó paterna, a tal ordem natural das coisas não parecia traduzir o que eu sentia.

Tudo o que veio antes parece ter sido um treinamento para a perda súbita do Gui.

Mas foi bem maior do que isso. Morte anunciada, morte precoce, morte súbita no auge da alegria. Essa palavra me fez redimensionar muitas coisas na minha vida. Me ensinou a não deixar de viver nem dizer nada que sinto. Não falo de viver cada momento como sugerem as imagens dos comerciais. Viver intensamente é complicado, mas libertador. É admitir os nossos dramas e lidar com eles. É expressão e é entrega. A morte me lembra acima de tudo a urgência de amar inteiro, enquanto é tempo – nunca se sabe quando esse tempo não mais será.

Minha avó
plantava
mudas de
tristeza
para mais
tarde ver
florir.

Quando a dor encontra a poesia

Sempre fui boa em cartas de amor. Além delas, na adolescência eu criava trilhas sonoras para as histórias de amor que eu vivia ou sonhava viver. Gravar um cassete para alguém era embrulhar para presente as canções e o tempo – nos dois sentidos. Verdadeiro trabalho manual, demandava dias e noites de escolha, atenção dedicada, dedos plantados para o *pause* na hora certa. Eu caprichava na seleção, calculava o silêncio entre as faixas e escrevia nas entrelinhas, ao decidir a ordem dos títulos. "Hey Jude" vinha colada em "Your song", como se tivessem sido compostas juntas. Repleto de impossibilidades, o mundo analógico colocava as músicas de mãos dadas para sempre. No som do carro ou no gravador de casa, o ouvinte se apegava àquela ciranda de lugares marcados. Ao fim de uma faixa, já cantarolava o início da outra. E assim cada casal tinha a sua trilha sonora. Pessoal, intransferível e impossível de ouvir em ordem aleatória. Depois de terminado o namoro, as fitas eram restos mortais e terapêuticos. Ajudavam no luto daquele mesmo amor. E quantas célebres dores de cotovelo já embalaram nossas histórias comuns? Assim nos curávamos. E íamos compondo a nossa biblioteca em cassete, como quem coleciona temas de filmes – todos de uma mesma vida.

Durante o luto, também escrevi cartas de amor. Cartas tristes, que o Gui nunca receberia. A angústia de quem está vivendo um luto é saber que a pessoa por quem sofremos sequer vai acessar nosso sofrimento. Nem as pessoas que estão à nossa volta. É um sentimento egoísta, eu sei. Por isso mesmo, eu precisava fazer algo a respeito. Falei compulsivamente, escrevi de maneira obsessiva. Escrevia para voltar a existir. Uma escrita frustrada, mas inevitável. Até que nasceu – literalmente – meu primeiro grande destinatário.

Um bebê a gente ama, cuida, alimenta, coloca pra dormir. São verbos capazes de ocupar um dia inteiro sem pausas. Mas o que fazer com a dor que morava em casa com a gente? Nenhum curso de gestante havia me ensinado a lidar com ela. Eu podia tirar mil fotos do Francisco pra compartilhar com os amigos a alegria de ser mãe. Mas não era possível fotografar minha dor para que eles também a sentissem. Cabia a mim ensiná-la a caminhar e seguir viagem, até para que ela não se tornasse um incômodo para o mundo.

No dia do aniversário de seis meses da morte do Gui, descobri que fazia exatamente um ano que eu havia descoberto a gravidez. Faríamos dois anos de namoro também. Francisco já tinha quatro meses e eu resolvi escrever um texto em homenagem ao Gui. Eu achava que seria o único, mas estava só abrindo a tampa de uma caixa de sentimentos que eu precisava colocar no mundo. É que quando comecei a escrever, me vi falando para o Francisco, não para o Gui. Uma luz se acendeu dentro de mim, senti uma esperança inédita. Criei o blog *Para Francisco*, publiquei essa primeira carta e decidi que ali eu postaria tudo o que eu quisesse escrever para ele. Compreendi que era para meu filho que eu tinha pressa em falar. Escrevi para que um dia ele pudesse ler: sobre seu pai, sobre o mundo, sobre mim mesma. Só por precaução.

O enredo era bom. Uma mulher tentando recriar um roteiro que não lhe servia, a fim de explicar (e entender) dois sentimentos opostos e concomitantes. Eu tinha nas mãos mais do que a caneta ou o teclado: finalmente eu tinha o poder de mudar o desfecho da minha história. A seu tempo, as palavras me mostraram o caminho.

Jamais estive comprometida com o efeito da minha escrita em alguém, eu só precisava me ver livre dela. Mas quando uma dor se torna espelho, pode ser também a cura. Para quem escreve e para quem lê. Escrever é subverter o tempo e suas impossibilidades. Enfeitar a falta, embalar lágrimas para dormir. Abri caixas, degustei cada lembrança para que não virasse pó. Tomei posse do amor que vivi, impedi que a dor sufocasse a alegria. Na travessia, ouvi mensagens reveladoras que eu mesma me disse. Escrevendo, me lia. Ensinando, aprendia. Fui colocando tudo numa garrafa, que um dia pudesse alcançar Francisco em algum ponto do oceano. Antes, porém, ela passou pelas mãos de outros navegantes. Escrever para Francisco me levou a falar com o mundo.

Eu tinha pressa em compartilhar o que aprendi: a vida é simples, pode acabar num segundo. Eu queria conhecer, tocar e falar sobre o essencial, essa palavra da qual a dor havia me aproximado tanto. Gritei para o mundo o privilégio de ter vivido um amor tão bonito, e assim as pessoas à minha volta sentiram algo além da compaixão. Fui construindo um inventário da nossa história, com todo o amor que eu estava sentindo.

Talvez eu quisesse que as pessoas também chorassem. E elas choraram – mais as suas dores que as minhas, é verdade, mas isso também é empatia. Muitas se apaixonaram pelo Gui, porque ele era mesmo apaixonante. E quando cada momento latente de falta se transformava em um texto delicado, quando as palavras conseguiam fazer o outro vestir a minha dor, a tristeza virava alegria: que alívio me sentir compreendida. Que milagre ver as pessoas envolvidas pela história, olhando para as próprias vidas de um jeito diferente.

De mãos dadas com as palavras, os leitores foram parte do meu renascimento. Como estavam ali todos os dias, firmei com eles um compromisso, minha disciplina de escrever. Parar não me cabia.

Transformada em texto, a tristeza dentro de mim acessava outra pessoa e ganhava sentido. No final de 2008, o blog foi transformado num livro. O lançamento em Belo Horizonte e em São Paulo tinha filas enormes. Vendemos 6 mil exemplares nos primeiros três meses. Materializado, transformado, ressignificado, aquele luto era como um filho, concebido do encontro entre dor e poesia. Dos fins nasciam começos. Talvez eu tenha me salvado salvando outras pessoas.

A beleza não nos distrai do sofrimento, pelo contrário: coloca sentido nele. Assenta a dor para que ela finalmente se mostre. É o sopro que desperta e convida ao mergulho, melhor forma de trilhar o caminho que a dor quer de nós. Enfeitada, a tristeza encontra seu lugar no mundo. Na beleza, as dores se reúnem para falar da vida. Dos iguais. Mesmo em outras línguas, mesmo muito distantes. Dali voamos dos nossos egos, juntamos solidões para cantar e dançar. Amor e dor seguem se reciclando, usando a beleza como remédio. O sofrimento de um tece trilha para a perda do outro. E um bom fone de ouvido liberta lágrimas represadas, já que sofrer em silêncio é ainda mais doído.

Numa espécie de alquimia incidental, transmutei dor em sorriso.

Now is not forever. Vi a frase na timeline de alguém e adorei o jogo de palavras. O significado nada mais é do que "Tudo passa". Mas às vezes a gente precisa de palavras novas para relembrar o que anda esquecido. Que os momentos difíceis vão passar. Os felizes também. Não é novidade, muitos mestres nos ensinam; Chico Xavier avisou há anos: "Isso também passará". Mas me faz bem vestir um mesmo ensinamento com palavras novas para contemplá-lo mais uma vez. Se for um momento de dor, eu me lembro: não durará para sempre. Se for de alegria, mais um motivo para eu aproveitá-lo intensamente. O agora parece escapar das mãos. Já o "para sempre" dura tempo demais. E parece que é para aprender isso que a gente acorda todos os dias. Que tudo o que temos não passa do agora. A vida é uma sucessão de "agoras" que não voltam mais.

Voos diários para o Fundo do Poço

Todo dia eu dou uma chegadinha no Fundo do Poço, antes mesmo de me levantar da cama. É meu próprio smartphone que me convence do meu fracasso: viajei quase nada pelo mundo, tenho a vida mais sedentária do universo, nunca fui a um show 3D e sou um fracasso como mãe. Meu filho é viciado em aparelhos eletrônicos e eu mesma não saio da frente do computador enquanto o mundo está no parque, nadando com golfinhos e fazendo o caminho de Santiago. Se sair da cama já é difícil depois de uma noite colocando o trabalho em dia, uma barriga negativa desfila diante dos meus olhos para me lembrar que será em vão qualquer esforço na academia.

Melhor pedir ao despertador mais meia horinha de sono e deixar o treino para o dia seguinte. Assistir ao sucesso alheio logo pela manhã é a tortura perfeita para me comunicar que não venci na vida. Mas logo tomo um café e retomo a consciência: outro dia mesmo estive em Milão, diante da mais linda igreja gótica do mundo. Meus pés doíam, eu tinha fome e estava prestes a enfrentar doze horas de voo em classe econômica, mas a foto impressiona.

Tenho uma amiga que é a segunda executiva de uma multinacional. Bonita, bem casada, um casal de filhos encaminhados na vida, viaja para vários lugares, tem uma bela casa e bons amigos. Ainda assim, cancelou sua conta do Instagram. "Comecei a achar que havia algo de errado comigo", desabafou. Entendo. Alguns minutos diante da rápida atualização da timeline é ameaça considerável à autoestima.

Quando surgiu, o Instagram me encantou por ser um meio de compartilhar com o mundo a poesia do indizível. Mas em pouco tempo ele nos fez reféns das vidas de revista que nós mesmos construímos – e nas quais gostamos de acreditar. Todo mundo é fotógrafo, repórter, editor e personagem de uma história incrível. O culto à perfeição não tem limites. Um medita na praia, outra faz abertura completa no ioga, uma dupla de longevos dança sincronizado nos patins, crianças de todas as cores e etnias fazem argila e cantam mantras. E quando eu decido mudar de aplicativo, uma bunda perfeita fecha minha visita com chave de ouro. Passo em frente ao espelho sem olhar muito e vou direto pro banho.

As redes sociais adoram esconder fracassos e exibir conquistas. Estamos cansados de saber que ali há uma construção, mas insistimos em nos incomodar. Nossa relação com a imagem é um paradoxo diário. O enquadramento das fotos é tão poderoso que aquelas pessoas podem estar no mesmo Fundo do Poço que eu, só que são profissionais: montam cenários de sonho, cortam o restante, usam filtros incríveis e pronto. E eu acredito. Dias depois eu me maquio, vou a uma festa usando um vestido emprestado, tiro foto e quem vai para o Fundo do Poço são meus seguidores.

Enquanto isso, do lado de cá da tela, a vida é sem filtro. Como crianças confusas, estabelecemos uma relação paradoxal com o culto à imagem. Gostamos de acreditar na idealização que nós próprios construímos, para mais tarde nos intoxicar dela. Ora assumimos o papel do ilusionista, ora integramos a plateia atônita. O filtro que não podemos deixar de ter (e atualizar sempre) é o nosso filtro interno, pra "descascar" cada imagem e enxergar o que está por trás (ou imaginar o que está em torno) dela. Tão necessário quanto manter o tônus muscular é praticar esse exercício diário da desmitificação da vida alheia. Basta se colocar no lugar do outro e lembrar de algumas fotos que você mesmo costuma postar.

Use as redes sociais, mas não deixe que os algoritmos e padrões usem você. A grama do vizinho é mais verde porque é artificial. Na vida de verdade, todo mundo sente cansaço, dúvidas diante do espelho e medo da solidão. Todo casal briga. Envelhecer não é fácil pra ninguém. E olhar pela janela indiscreta do Instagram é só mais um exercício diário de bravura.

**Tem algo de errado
com quem não tem
nada de errado.**

Galeria da dor

"Já passei por isso", costumamos dizer. A frase vem geralmente para mostrar que fomos capazes de passar por alguma dor e a ela sobrevivemos, ao contrário de outra pessoa. Gente tem mesmo essa mania de comparação. Competimos até em tamanho de sofrimento. Casais costumam cair na tentação de entrar nessa disputa sem sentido. "Mas eu já passei por isso", diz o namorado para a namorada. E torna-se impossível tentar se colocar no lugar do outro. Cessa qualquer diálogo. Acolher o que o outro sente deveria ser a lei primeira do amor.

Mas, como medir uma dor, senão a nossa?

Costumo dizer que o maior problema é o nosso, pois somos nós que temos de resolvê-lo. A maior dor também é a nossa, mesmo que seja apenas uma dorzinha de cabeça. É em nós que ela está. Por isso é tão difícil dimensionar a dor de alguém. Temos a nós mesmos como parâmetro – e sabemos por onde andamos, desde que nascemos. É mais fácil compreender um contexto quando estamos bem munidos de informação. O universo do outro é desconhecido demais para que tenhamos domínio dele. Melhor resistir à tentação de julgar.

Cada pessoa é única, e o mesmo se pode dizer do seu limiar de dor – assim como de sua forma de expressá-la. O médico tem como examinar um paciente pelo seu aspecto físico; quanto aos sintomas, resta a ele confiar no que o doente diz. Não me parece haver um aparelho para medir a intensidade do sentir.

Assim se dá com as dores da alma. Como medir o buraco que uma falta faz em alguém, se não sou o outro, se não experimento o valor que essa pessoa teve em minha vida? Não posso dizer que sofri mais ou menos que meu irmão a falta do meu pai. Eram pais diferentes, embora tenhamos a ingenuidade de pensar que era o mesmo. Com cada um construímos uma história recheada de significados que não se medem, não se expressam, não se comparam.

Não que a dor deva ser cultuada – não é saudável paralisar nela, melhor se deixar motivar rumo às transformações. Cada um escolhe o que lhe aprouver. Eu falei exaustivamente, contei minha história para o mundo, até encontrar o ponto da escrita. E quando cada momento latente de falta se transformava em um texto delicado, a tristeza virava alegria. Assim a dor se dissolveu. E então pude ver certa beleza nesse incontrolável da vida. A dor pode ser um privilégio quando nos leva a outros lugares.

Cultuar, não. Respeitar, sim. Por não ter medida, cada dor merece antes de tudo o nosso silêncio, o que se estende à forma de reagir a ela, que depende de cada trajetória. E aquilo de que damos conta não nos qualifica em maior ou menor grau. Mesmo que o mundo diga o contrário.

É muito fácil (e um perigo) dizer que fomos mais felizes no passado.

É impossível competir com uma lembrança romanceada.

Garçonnière

Quando eu era mais jovem, sempre que passava por uma situação difícil, não conseguia tirar férias de um estado de tristeza, como se eu tivesse assinado um contrato de fidelidade ao sofrimento.

Um exemplo muito claro disso foi em 1992, quando minha mãe foi diagnosticada com um câncer de mama em estágio já um pouco avançado. Uma doença de tratamento longo, normalmente sem um desfecho rápido. Eu morava com ela, precisava transmitir fé e tranquilidade, mas não conseguia esconder meu temor de que ela não se curasse. Eu tinha 22 anos e, nessa época, comecei um namoro e vivi um paradoxo: por um lado, convivia com a tristeza, o medo e os efeitos difíceis do tratamento; por outro, vivia aquela paixão de começo de namoro. Eu me sentia culpada quando me flagrava feliz. Minha mãe ficou dois anos passando pelo tratamento, mas sem o efeito esperado. A doença se alastrou e ela faleceu. E então eu me pergunto: meu sofrimento teria sido melhor para ela? Traria a sua cura? Será que, pouco antes de morrer, ela teria preferido me ver mal ou me ver feliz?

Influenciados por uma cultura de culpa e por narrativas do cinema e dos comerciais de TV, que não conseguem traduzir todas as camadas da vida, idealizamos não somente as coisas boas, mas também as ruins. Felicidade é estar sorrindo o tempo todo, sofrimento é estampar uma expressão constante de horror. Acredite, é possível viver péssimos momentos em Paris, assim como se perceber feliz em pleno Fundo do Poço.

E por falar em Paris, quando estive lá pela primeira vez, eu me lembro de acordar no meio da noite, inebriada pela ideia de estar na cidade-luz. Da janela do pequeno apartamento onde estava hospedada, eu observava o movimento e ouvia o som dos carros na avenida. Como acreditar que, em plena Boulevard Saint-Germain, o ruído fosse tão similar ao de Belo Horizonte? Não deveriam aqueles canos de descarga emitir leves sopradinhas, como bons franceses? Foi difícil aceitar que o som do trânsito de lá seria vulgar como os ruídos do engarrafamento em plena Avenida do Contorno, em Belo Horizonte. Precisei estar em Paris para compreender que lá também se acorda de mau humor, porque lá as pessoas continuam sendo pessoas.

As expectativas que criamos acerca de um lugar que não conhecemos ou de uma situação que nunca vivemos raramente coincidem com a realidade. E, se podemos nos surpreender para pior, o inverso também pode acontecer.

O sofrimento é um palácio de espelhos, adora nos confundir. Parece irresistível assinar um contrato de fidelidade a ele, acreditando que você não possa se sentir feliz enquanto passa por isso. Nem se divertir ou ter uma crise de riso, mesmo seguida de uma crise de choro.

Importante, mesmo, é aprender, estando no alto ou lá embaixo, a sabedoria de deixar um certo espaço para a contemplação. Tentar sair de si sempre que possível e descansar da dor. Silêncio e serenidade são as palavras que habitam esses instantes em que conseguimos assistir à nossa história de fora, como se não fosse com a gente. "Relaxe no espaço entre o prazer e o sofrimento", aconselha o Mestre Osho. Caso contrário, passar por momentos difíceis será sempre desumano.

Portanto, encontre um motelzinho barato no Fundo do Poço e traia seu sofrimento de vez em quando. Sem culpa, porque ninguém é de ferro.

Focados no outro, podemos satisfazer a todos os desejos.

Menos os nossos.

Fonte dos desejos

Em 2002, quando me casei pela primeira vez, minha avó materna decidiu que me daria uma festa de casamento de presente, talvez tocada pelo fato de eu não ter mais os meus pais. Para nós, os noivos, a festa não era uma prioridade e não tínhamos verba para isso. Mas a minha avó fez questão. "Se você se separar, me paga de volta", ela brincou. Não foi fácil esquecer aquela frase.

O fato é que um ano depois eu já desejava me separar, mas não admitia nem para mim mesma. Talvez tenha sido por isso mesmo que nem fiz questão de festa. Demorei meses pra compreender que eu estava me segurando num casamento muito infeliz, fruto de um namoro longo, cheio de idas e vindas. Eu não queria decepcionar quem tinha literalmente "apostado" naquela união. Quando enfim decidi que iria me separar, dois anos e meio depois da cerimônia, ainda doía pensar na frase da Vovó. Junto com o alívio da separação, eu sentia culpa. A essa altura minha avó estava doente e já não tão lúcida. Resultado: nunca cheguei a contar a ela sobre a nossa separação.

É impressionante como a famosa frase "Mas o que as pessoas vão pensar?" ainda determina muitas decisões – ou a falta delas. Na minha geração, o que não falta são histórias de pessoas que engoliram sinopses alheias, bem ao estilo catálogo de Netflix – quanto pior o texto, melhor. Está aí uma armadilha que vem junto com as decisões difíceis: você se vê sofrendo e demora pra perceber que uma parte da dor tem a ver com o fato de não estar correspondendo a expectativas que não são suas, e sim dos outros. Ninguém vai lhe ensinar a entender o que você realmente deseja. E quando não estamos conectados com os nossos desejos, passamos a tentar ser o que o outro espera de nós, esse é o grande erro.

Passei boa parte da vida tentando me adaptar a um roteiro que não era da minha autoria. Demorei décadas para me entender múltipla, abarcar minhas incoerências, acolher minha pluralidade. Não sou uma só e também não sou uma obra pronta. Estou sempre em construção. Para essa pergunta limitada "O que você vai ser quando crescer?", acho que a melhor resposta é "Se tudo der certo, quero ser eu mesma".

Que parte do sofrimento é sua e que parte tem a ver com a expectativa do outro? Esse luto é seu ou dos planos e expectativas que os outros construíram para você? A pergunta pode não ter resposta rápida, mas é um bom começo.

Em Roma, na Itália, você pode visitar a belíssima Fontana di Trevi, fazer um desejo e jogar uma moedinha – dizem que, a cada ano, chegam a ser jogados ali um milhão e meio de euros em moedas.

No Fundo do Poço também tem uma fonte de desejos, mas você não joga moeda alguma. Você vai lá pra pegar de volta os seus desejos. Mas só os seus.

O sofrimento deixa de ser sofrimento quando encontra sentido.

- Viktor Frankl

Roda de samba

Naquele 17 de janeiro de 2007, na hora do enterro, cantei para o Gui um samba do Nelson Cavaquinho que anos antes ele tinha enviado pra mim. "Graças a Deus, minha vida mudou. Quem me viu, quem me vê, a tristeza acabou. Contigo aprendi a sorrir. Escondeste o pranto de quem sofreu tanto. Organizaste uma festa em mim e é por isso que eu canto assim..."

Parece incrível que uma grávida vestida com um tomara que caia preto tenha presença de espírito pra cantar diante do corpo do pai da criança que estava na sua barriga. Anos depois ainda me assusto com minha coragem. Naquele dia, a vida me ensinou o senso de oportunidade. Eu só tinha uma urgência: dizer que era recíproco, agradecer por ele ter passado pela minha vida. Disse. Com todas as letras e notas, diante de uma plateia que talvez tenha se dividido entre a emoção e o deboche.

No ritmo do samba, outra parte do inventário da nossa história era um disco da Marisa Monte chamado *Universo ao meu redor*. Ele me havia feito companhia quando estivemos separados, depois quando estávamos juntos de novo. Já era tarimbado em se travestir de dor ou de alegria conforme o contexto. Aliás, o samba costuma ser bom nisso. Acho lindo como ele consegue fazer a tristeza sorrir. Pois foi ao som desse disco da Marisa que eu ninei Francisco na sala, descalça, todo santo dia. Com um novo parceiro de dança, começava outra história de amor.

Eu estava órfã de músicas que foram parte da minha trilha com o Gui. Não conseguia mais ouvi-las, cada nota vinha seguida de uma pontada de dor. Era como olhar na direção da alegria e deparar com um flash me cegando a vista pra me dizer que aquele lugar não existia mais. Mas, se o Francisco era fruto de tanto amor e alegria, eu não podia deixar que a tristeza engolisse a gente. Decidi, então, como num exercício diário de fisioterapia, amolecer a falta pra deixá-la mais doce. Dei um jeito de fazer as pazes com a Marisa, o Jack Johnson, o Nelson Cavaquinho, a Madeleine Peyroux.

Minha reconciliação com a Marisa Monte foi assim: eu chegava do trabalho, tirava os sapatos e ligava o som. Tomava o Fran no colo e ia dançar com ele no meio da sala, nossos corações batendo no mesmo compasso e o "universo ao nosso redor". Eu cantava no tom da Marisa, e o pequeno, acredite, algumas vezes entoava a mesma nota. Até dormir. A semente ficou. Depois que ele cresceu, ficamos anos sem ouvir o disco, até o dia em que o escolhi pra embalar uma pequena viagem de carro. Francisco já tinha 10 anos, mas adormeceu em poucos minutos.

Foi o samba que pôs o meu medo pra dormir. Descobri meus sorrisos escondidos e comecei a caminhar de novo, mesmo com os pés doendo. Depois que o Fran dormia, eu me sentava diante do computador e acordava as nossas histórias, deixando o coração guiar os dedos sobre o teclado. Escrevia como quem arruma o armário, investigando o efeito de cada lembrança em mim. Para o Francisco, para mim mesma, para quem quisesse ler. E publicava no blog.

Como aprendi com as músicas, a poesia do amor não morre com quem se foi. É uma alegria e um alívio ter escrito. Talvez este livro também seja um samba, cantando as vezes que errei o caminho – e como foi bom ter aprendido.

Temos poder sobre muitas coisas na vida.

Mas geralmente estamos com os olhos voltados para o que não podemos controlar.

Ciranda da falta

Afonso nasceu sem um dos braços. Nunca teve grandes dificuldades na vida. Só lamenta não poder abraçar a namorada. Felipe tem os dois braços, mas não quer ver ninguém. Prefere o videogame. Marta integra um grupo que distribui abraços grátis. Ao chegar em casa, não troca uma palavra com o pai. Felipe e seu pai são muito amigos. Sua mãe morreu de parto. A maior dor é não ter sequer uma lembrança do seu cheiro. Fernando é obstetra, especializado em partos difíceis. Depois de salvar muitas mães e crianças, perdeu o filho num acidente de carro. Ludmila tem pai, mãe, dois irmãos e três irmãs, duas avós e um avô ainda vivos, e orgulha-se de já ter nove sobrinhos. Só não pôde ter filhos. Lara tem dois filhos, o último deles com deficiência mental. Foi largada pelo marido pouco depois que o mais novo nasceu. Antônio é deficiente visual. Há alguns anos recebe a visita semanal do amigo Mauro, só para ler os jornais e algum trecho de livro. Sílvia enxerga e ouve perfeitamente. Mas não gosta de música. Eduardo é compositor. Tem ouvido absoluto e viaja o mundo tocando suas composições. Algumas vezes é mais cansativo, já que é paraplégico. Raquel tem tudo o que quer: o dinheiro é bom nisso. Como não dá tempo para sonhar, tudo o que adquire vem amputado de sentido. Dora tem um armário cheio de roupas caríssimas. Só lhe faltou o bom gosto. Corina é colecionadora de arte. Apaixonada pelo segundo marido, com quem optou por não ter filhos. Dedica seu tempo à própria empresa, cujo faturamento cresce a cada ano. Corina não consegue se sentir feliz: está passando por uma depressão violenta. Hoje, ao voltar para casa, viu Afonso atravessando a rua. Só depois notou que o braço lhe faltava. Foi para casa pensativa.

Eu também vi Afonso no centro da cidade. Inventei para ele um nome e, do braço que lhe falta, desenhei um enredo que pode ser verdade, reunindo muitas histórias que passeiam por aí. Tenho dois braços, duas pernas, os cinco sentidos, e, hoje, não me faltou foco para olhar na direção certa. Aprendi no Fundo do Poço.

**Eu mato a tristeza
de cosquinha.**

Teatro do riso

Quando voltei a trabalhar depois da morte do Gui, um colega veio me abraçar. E o que ele disse me lavou a alma: "Eu acho que esse é o tipo do caso em que a gente chega pra Deus e fala: 'Me chama o seu gerente'". Aquilo me tirou a dor por alguns minutos e até hoje me faz rir. Sou fã desse recurso que Deus nos deu – e garanto que foi ideia d'Ele, não do gerente.

Semanas depois, eu viveria algo que ilustra bem o que o humor faz com a dor. Nas contrações antes de dar à luz o Francisco, a diferença entre os segundos daquela dor inexplicável e os intervalos em que eu não sentia nada é metáfora perfeita do que o humor faz com a gente. É um respiro no meio da loucura. Um respiro bem pensado, como me ensinou meu falecido professor de redação publicitária: "A mulher rica se veste de pobre no carnaval. Isso é ironia. A mulher pobre se veste de rica no carnaval. Isso é humor".

Rir de si mesmo é máscara de oxigênio, até porque a colocamos primeiro em nós. Da minha dor, rio eu, e nessa permissão convido você a gargalhar comigo dessa tragédia que, vista de longe, chega a ser engraçada. É uma capacidade de enxergar sua vida fora da própria pele, um olhar de espectador. Por isso gosto do título de "comediante de autoajuda", ou *"stand-up coach"*, que inventei outro dia. E tento me cercar de pessoas que também não se levam tão a sério. Alivia ouvir um amigo dizer "Engraçado, acordei hoje, olhei pela janela e tinha uma pandemia".

Não sei se humor é algo que se aprende ou se herda, mas me lembro de conviver com pessoas bem-humoradas a vida toda. Não conheci meu avô materno – nem minha mãe conheceu o próprio pai, que, como o pai do meu filho, morreu antes de ela nascer –, mas a Vovó contava uma historinha dele que jamais esqueci. Nos almoços na casa do sogro, ele passava o prato pela mesa comprida e ia dizendo para cada um: "Coloca um pouquinho de arroz pra mim, mas é bem pouquinho mesmo". Até o prato chegar perto da travessa de arroz, ele ia dizendo "Coloca um pouquinho, por favor, mas muito pouquinho mesmo. Pensando bem, é tão pouquinho que nem precisa colocar". Nem precisei conhecer meu avô pra gostar dele.

Humor é mesmo um tipo de amor, e o amor é uma inteligência de vida. Não me constranjo em lembrar coisas engraçadas de momentos duros. Como no enterro do meu pai, em que minha amiga deparou com a caixinha de metal ao lado da cova aberta e perguntou: "É o seu pessoal?". Era mesmo, e estavam ali "reunidos" para que no túmulo coubesse mais gente da família.

Ao chegar em casa, horas depois de constatar a morte do Gui, comentei com os amigos: "E esse desgraçado não vai ter que trocar fralda de cocô?". Que outra escolha eu tinha, além da piada? E ainda tem a história do salmão. No finalzinho da gravidez, tinha sempre um amigo chegando em casa nos fins de semana, levando ingredientes para o almoço. Variavam os amigos, mas nunca o cardápio: eles sempre levavam salmão. O que seria lindo, não fosse o fato de eu detestar salmão, a não ser no sashimi. Eu comia, claro, e achava lindo, mas torcia pra não chegar outro amigo no dia seguinte com a mesma ideia.

O amor é cor de salmão e o humor, a lente que protege nossos olhos da luz ofuscante da realidade.

Viver está longe de ser fácil. Mas a gente sempre pode escolher o humor. Que não é sinônimo de alegria, mas conhece um atalho até ela. Uma boa gargalhada cai bem melhor do que a autocomiseração. E a diferença entre a tragédia e a comédia pode ser o distanciamento que temos do fato.

Quer um exemplo? No final de 2007, quase um ano depois da morte do Gui, eu comprava um presente de Natal e a vendedora sugeriu que eu preenchesse cupons para um sorteio no shopping. Expliquei que não podia, porque na época trabalhava na agência de publicidade que atendia ao shopping e isso era contra o regulamento.

— Coloca o CPF da sua mãe – sugeriu ela, e eu expliquei que não tenho mãe.

— Põe o do seu namorado.

— Morreu também – devolvi.

Tensa, ela deu a última cartada:

— Seu pai???

— Morreu todo mundo.

Sorte dela que não contei a história toda.

Confesso, fui meio cruel. Por muito tempo, também me achei vítima de uma baita brincadeira de mau gosto. De vez em quando é bom sair um pouquinho de dentro da gente e ver as coisas pelo lado de fora. Pode ser divertido.

Dias atrás alguém bateu na
  traseira do meu carro.
Coisa à toa, nada que 15 dias
  de oficina não resolvam.
Mas o pequeno susto ecoa
  por um tempo na memória.
Penso nisso sempre que paro
  num semáforo.
Filosofo: todo dia, confiamos
  que à nossa volta o freio do
  mundo vai funcionar.
Ter medo de que, então?
Se cada nova manhã é um
  exercício involuntário de fé.

Porto Entrega

Eu tinha 23 anos quando meu pai me chamou ao seu consultório para uma conversa em particular. "É importante você ir se preparando para a morte da sua mãe", ele me disse. Nem todo amor vem embrulhado em doçura, e aquela mensagem dura era a sua forma de amar. O que meu pai queria era minimizar meu sofrimento e, ao mesmo tempo, garantir que minha mãe nos tivesse bem perto durante o quadro que se apresentava – depois de um ano de tratamento contra um câncer, sintomas e exames apontavam sérias metástases.

"Ninguém se prepara para a morte, pai", foi o que respondi. Mantenho minha filosofia: a de me preparar para viver, isso sim, da melhor forma que puder, lição essa que a própria morte nos dá. Ignorei os exames para acreditar no impossível – dar à minha mãe alguma qualidade de vida pedia que eu a poupasse de qualquer olhar de despedida. Fiz de tudo para tentar trazer a ela algum bem-estar, até que o sofrimento ficou maior que a dignidade e eu passei a pedir por sua ida. Amar alguém é ser capaz de sofrer em seu lugar para que a dor enfim termine – fins também têm seu lado bom.

Sete anos depois, era a vez de ver meu pai sucumbir ao câncer. Cada um enfrentou a doença por dois anos e, em ambos os processos, o mais difícil era conviver com a ideia da morte iminente. Mas um raciocínio me perseguia: temos sempre notícias sobre alguém que morreu de câncer, mas raramente sobre os que viveram depois da doença. Sabemos que a cura também acontece, mas temos o hábito de desprezá-la, já que ela nunca é definitiva – só a morte o é. Enquanto vivemos, há sempre a ameaça do fim. Mais do que ameaça, certeza. O que uma doença grave faz é nos aproximar do fim sobre o qual já sabemos, mas cuja existência passamos a vida ignorando. Sem o diagnóstico, fica a ilusão de que a vida não terá fim, a não ser para alguns desafortunados. Mas é também por ser comum a todos nós que a morte nos ensina tanto sobre a vida.

Eu devia estar no quinto ou sexto mês de gravidez quando ouvi o Gui dizer que precisava visitar em São Paulo o tio que enfrentava uma doença terminal. Tinha medo de que não houvesse tempo para se despedirem. E não houve mesmo, já que seu coração parou poucos dias depois – o do Gui, e não o do tio. O pai do meu filho tinha 38 anos quando teve a parada cardíaca, sem nenhum diagnóstico prévio. O fim súbito com o qual tive de aprender a lidar veio junto com meu mais bonito começo: o da maternidade.

Eu poderia ter me tornado escrava do medo, até porque pressenti a sua ida. Preferi, no entanto, atribuir minha sensação ao fato de ter vivido muitas perdas em um curto espaço de tempo. Que bom que me concentrei em aproveitar aquele momento bom que estávamos vivendo. O medo não deteriorou nossa alegria, tampouco me impediu de falar de amor. Vivenciar perdas importantes me ensinou que expressar o amor é a primeira e grande urgência. Sou grata por ter colocado a lição em prática antes da despedida mais difícil.

A vida é uma sucessão de começos e fins, embora a gente só prefira focar os começos. Cristais se quebram, remédios têm efeitos colaterais, sofás desbotam com o sol que entra pela janela. E um dia, por distração, esquecemos na sala de cinema aquele casaco preferido. Amigos se mudam para longe, amores podem não ser correspondidos, pessoas queridas se vão para sempre. O mundo é capaz de acabar muitas vezes em uma vida só.

Meu mundo acabou pela primeira vez quando levei um fora do primeiro namorado. Enquanto muitos iam visitar a Disney, lá estava eu estreando o caminho para o Fundo do Poço, aterrorizada. Parecia interminável aquela dor de cotovelo. Um dia passou. Desde então, meu mundo acabou muitas e muitas vezes. Cada novo fim me encontrava diferente. Assim fui aprendendo a colocar a serenidade no lugar do desespero. De todos os fins vieram inevitáveis recomeços.

Tantas perdas em tão pouco tempo teriam feito de mim a perfeita mãe superprotetora, do tipo que embrulha o menino em plástico-bolha até que ele complete 18 anos. Mas, junto com o Francisco, crescia meu mais importante aprendizado: é uma liberdade compreender que algumas coisas simplesmente não dependem de mim; e é fundamental aprender a discernir umas das outras. Foi assim que acolhi o aprendizado da entrega, que me ajudou a construir com meu filho uma relação de cumplicidade, mas não de dependência. Uma leveza que procuro levar para todos os outros setores da vida.

A vida é risco constante – esse é o preço. Entre os grandes perigos está o de conquistar exatamente aquilo que a gente sempre sonhou. Mas para sonhar é preciso viver o agora e deixar o fim para o fim. Na hora certa a gente pensa nisso.

E assim, absolvida pela ignorância, cometi a simplicidade de dizer o que sentia. Fiz, sem saber que a sinceridade era um atrevimento.

Monumento à pedra e ao martelo

Quando alguém me pergunta qual foi a grande virada que o Fundo do Poço me impulsionou a fazer, eu me vejo contando que um belo dia criei um blog de cartas para meu filho e, menos de dois meses depois, criei um segundo blog em que eu mesma era a modelo. Eu tinha 37 anos, era viúva, tinha um bebê de seis meses, não correspondia propriamente ao padrão de beleza da época – nem usava maquiagem. O primeiro impulso foi tirar uma foto. O segundo, decidir que faria o mesmo todo dia útil – e fiz, por seis anos seguidos, registrando, ao todo, mais de 1.200 looks do dia, que também eram o retrato de uma mulher caminhando para um lugar melhor. Eu mesma me vesti, me contratei, entrei na "passarela" e posei para as câmeras, com a empáfia e a confiança de quem se sentia uma Gisele Bündchen – note que a Gisele já se aposentou das passarelas, eu não.

Raramente sei dizer se a expressão de quem ouve o meu relato é de admiração ou compaixão – e compreendo perfeitamente quando a reação é de perplexidade. Nem eu acredito no que fui capaz de fazer (mas como sou feliz por ter feito). Visão, força, ousadia? Eu diria que apenas não tive opção. E não ter opção é uma coisa muito poderosa. A verdade é que eu estava numa situação limite, confrontando o impossível. E o impossível torna muitas outras coisas possíveis.

É verdade que nunca fui de matutar as coisas. Minha intuição sempre me levou a muitos lugares. Minhas decisões mais importantes vieram disfarçadas de impulsos. Impulsos ajuizados, eu assim os chamaria, são perigos bem-vindos. Rápidos como um piscar – não os conseguimos pegar com a mão –, têm a força necessária para ser grandes passos em nossa vida. Aqueles momentos raros em que a euforia supera o raciocínio, trazendo uma certeza irracional que não cabe em argumentos.

Protesto contra essa acepção da palavra impulso que remete à inconsequência. Agir por impulso nem sempre é dispensar a reflexão. É não se deixar deter por ela e sucumbir a uma certeza que não cabe em argumentos. Sabatinas costumam matar ideias promissoras, candidatas a divisores de águas em nossas histórias. Que fim terá um bom insight sem um impulso que venha em seguida? Inconsequentes, nada. Meus passos mais transformadores já vinham sendo preparados por anos, sem que eu mesma soubesse.

A etimologia da palavra "coragem" explica o que quero dizer. Importada do francês *courage*, ela vem do latim *cor, cordis* – coração, no sentido de "morada dos sentimentos". Diferentemente da imagem truculenta de um brutamontes batendo no peito, a coragem fala de um agir alinhado com esse ânimo e essa força interior. O que vem sendo bastante ameaçado pelos novos tempos. Viciados em dados e discussões on-line, nunca ponderamos tanto. O meio virtual nos aproxima de quem está longe, mas a opinião alheia ao alcance dos dedos tem nos afastado de nós mesmos.

Ter coragem é bem maior que não ter medo. É deixar que o coração tome as rédeas e agir em consonância com a verdade que mora dentro. Passional, o corajoso é movido por uma voz interna mais forte que qualquer raciocínio. E age rápido, para escapar de interrogações que o perseguem, ávidas por destruí-lo. Já os que caminham exatos e controlados são facilmente derrubados pelo inesperado – impulsivo, ele é mestre em ensinar que o controle não passa de ilusão.

O que chamo de impulso talvez seja uma batida mais forte do coração, que, de tão intensa, traz junto com ela um passo. Um perigo bem-vindo, que nos salva de uma ameaçadora segurança. Como bem descreve a imagem-citação do fotógrafo Jacob Riis, que me acompanha há décadas: "Quando nada parece ajudar, eu vou e olho o cortador de pedras martelando sua rocha talvez cem vezes sem que nem uma só rachadura apareça. No entanto, na centésima primeira martelada, a pedra se abre em duas, e eu sei que não foi aquela a que conseguiu, mas todas as que vieram antes".

O verdadeiro ato de coragem é a centésima-primeira martelada. Algo que já vínhamos vivendo ou respirando tempos antes, sem perceber. Uma ideia que já vínhamos amando. A vida é uma sucessão de tentativas que parecem dar errado, mas com sabedoria percebemos que cada uma delas teve sua função no processo. Cada erro foi também um passo.

O que para uns é inconsequência, para mim é saber escutar a minha voz interna. Sou impulsiva, sim. Sou corajosa, sou coração. E, graças a Deus, bastante disciplinada com meus impulsos. Foram eles que me trouxeram até aqui.

Ele passou em minha vida como um furacão. Desses que destroem as casas de um bairro inteiro em poucos minutos. Mas com ele a cena correu de trás para a frente. Passou colocando tudo em seu devido lugar. Era preciso. Para que eu continuasse buscando o sentido em mim.

Instruções para colocar a máscara de oxigênio

Quando conheci a expressão "mãe solo", finalmente compreendi que o conceito de "mãe solteira" não fazia sentido – difícil notar o absurdo quando nunca estivemos fora dele. Em meio à tristeza de perder o pai do Francisco em plena gravidez, foi um susto me encaixar no tal estereótipo. Não me preocupavam olhares preconceituosos, e sim o medo de assumir sozinha um papel para o qual eu não me sentia madura, mesmo aos 36. Ainda não me sinto. Francisco já é adolescente, e sei que jamais vou estar preparada. O desafio é maior a cada dia.

No início eu era muito mais medo do que mãe. De onde viria o cuidar, se dentro de mim tinha um campo minado de tristeza? Mas os dias se passaram e, com a ajuda do Francisco, foram me curando. Foi fundamental me saber necessária, e então quis ser forte, só depois compreendendo que a força também era para mim.

Das lanternas que iluminaram meu caminho, minha mãe e minhas avós acenderam sins e nãos. Eu poderia dizer que minha grande inspiração foi Dora, mãe da minha mãe, que também perdeu o marido grávida – aos 23 anos e tendo já duas meninas pequenas para cuidar. Mas ela precisou ter tanta força que carregou a mão. Passei a vida citando sua história, impactada pela viuvez eterna que ela se impôs. Foi meu exemplo a não seguir. Já minha mãe, que como meu filho não pôde conhecer o pai, viveu levando a palavra altruísmo às últimas consequências – herdou o heroísmo da mãe e um peso a mais. As duas tinham luz de sobra, mas falhavam quando voltavam os holofotes para si mesmas.

Sei que tenho muito das mães que elas foram, mas busco a todo custo ser outra mulher. Francisco sabe que seu coração bateu por mim quando o meu ficou sem voz. Que cavou em mim talentos escondidos, vindos à tona para que eu reagisse. Sabe também que não foi só para que eu desse conta de sustentá-lo – dar conta é pouco para o meu gosto. Eu queria saborear a trajetória. Por isso me foi tão importante o exemplo da outra avó, a paterna, cujo forte não era a maternidade, e sim quebrar paradigmas. Não imaginava que isso me seria tão necessário.

Com o tempo percebi que justamente as mães que não estão sozinhas na tarefa de criar seus filhos são as que muitas vezes se abandonam durante a viagem. Mitifica-se o papel materno a tal ponto que parece irresistível tornar-se mártir em nome do amor a um filho. As consequências são devastadoras. Abandonar a si mesma compromete a autoestima, ameaça que chega rápido à relação com os próprios filhos e com o parceiro ou parceira.

De uma coisa eu tinha certeza: só seria boa mãe sendo feliz. Não hesitei em lutar pela mulher que havia em mim, certa de que passar pelo luto não é morrer junto. Acordava sozinha nos fins de semana pra cuidar do Francisco, mas ia dormir pensando em como produzir o prazer que seria meu combustível. E a moda, que havia sido tão importante na construção da minha identidade, não largou da minha mão nem por um minuto.

Não pude seguir sem mim. Mãe e mulher se uniram de modo definitivo, e assim não me faltou sequer um pedaço. A perspectiva absolutamente particular de maternidade me mostrou que podemos, sim, ser mulheres inteiras (e deliciosamente imperfeitas), desde que isso seja prioridade. Se é um desafio aceitar que nossos filhos não nos pertencem, a boa notícia é que eles também não são nossos donos. E na leveza do não pertencimento mora o prazer do voo.

Ser de verdade pra não morrer de ficção.

Calçada da fama

Em fevereiro de 2019, as redes sociais do mundo todo reverberaram o discurso de Lady Gaga na premiação do Oscar. "Se você está em casa, no seu sofá, assistindo a isso, tudo o que eu tenho a dizer é que esse é um trabalho duro. Eu trabalhei duro por muito tempo para chegar até aqui. Não é sobre ganhar, é sobre não desistir. Se você tem um sonho, lute por ele. Existe uma disciplina. Não é sobre quantas vezes você foi rejeitado, caiu e teve que levantar. É quantas vezes você fica em pé, levanta a cabeça e segue em frente."

A razão de tamanha repercussão não está na premiação em si, mas no fato de a cantora ter desmitificado o sucesso. Quem subiu ao palco não foi uma Lady Gaga impecável, mas um ser humano emocionado, confessando na linguagem corporal a sua exaustão.

Quando surgiu na cena musical, a cantora me causou certo estranhamento. Não consegui estabelecer com ela uma conexão. Via naquele excesso de produção um disfarce para uma suposta falta de talento. A artista foi se despindo e provando a sua vocação para o estrelato. Não que ela tenha se tornado outra: revelou-se, como uma escultura já está na pedra antes do trabalho do escultor (mas não pode existir sem o seu labor).

Só Lady Gaga conhece a trajetória de sucesso de Lady Gaga. Sofrida. Demorada. Cheia de dúvidas, tombos, gente duvidando ou torcendo contra. E só Lady Gaga decidiu, a despeito disso tudo, seguir em frente. Para nós, o filme da vida da cantora (e atriz) é água com açúcar. Mas o filme ao qual ela assistiu de perto é um bom drama. Coube a ela assumir o papel principal, em lugar de ficar sentada na plateia assistindo.

É um poder enorme saber contar a própria história. Se você não toma posse dela, corre o risco de acreditar numa sinopse rasa feita por um público distante, ou no dramalhão mexicano que a sequência dos seus fracassos parece sugerir. Nem um, nem outro. O melhor filme é aquele que imita a vida, e não o contrário.

Quando a cantora subiu ao palco, ela não levou consigo os seus sucessos. Levou a sucessão de fracassos que jamais supomos, e foram eles que embargaram a sua voz. Lady Gaga esteve ali para nos lembrar de que, por trás da maquiagem cinematográfica e do vestido emprestado da grife de luxo, há uma mulher real que trabalhou duro até finalmente subir aqueles degraus. Em lugar de fazer uma ou duas frases de efeito sem franzir a testa, ela confessou sua humanidade.

Compartilhamos incansavelmente o seu discurso porque nos sentimos contemplados. Cada um de nós, que eventualmente tomamos um comprimido pra conseguir dormir. O que vimos na estrela foi um espelho.

Como já contei lá atrás, fui pioneira dessa brincadeira de *look* do dia no Brasil. Era tudo vida real, sem Photoshop, cenário, praticamente sem maquiagem. Foi uma atitude ousada, corajosa, segura demais para uma internet ainda muito comportada e pouco habituada aos julgamentos. Entre o amor e o ódio, eu causava as mais diversas reações. Aprender a lidar com as críticas externas foi outro aprendizado ao longo do caminho. Eu procurava responder sempre da maneira mais delicada e elegante. Um dia, em resposta a críticas muito duras, decidi me abrir numa postagem sincera, sem foto. Expus alegrias e tristezas, dificuldades e fraquezas, sem medo. Ganhei ainda mais força ao ostentar a minha verdade sem disfarces.

Sim. Eu já sonhei ser modelo. Depois atriz. Depois cantora. Qualquer coisa que me colocasse num palco. Sim, fiz curso de modelo, depois curso de TV, depois aula de canto. Mas tudo isso durou pouco. Não fui atrás de nenhum desses sonhos. Fui escrever sobre tudo isso e virei redatora de anúncio. Nisso, persisti.

Não insisti nos meus outros sonhos porque me escondi atrás do meu nariz torto, dos meus dentes desalinhados, das minhas pernas finas, do meu cabelo ondulado, da minha voz aguda e da minha língua presa. Sim, tudo isso ainda faz parte de mim. Não fiz plástica, não usei aparelho, não coloquei silicone, não fiz musculação, nem escova progressiva, nem fonoaudiologia. Mais tarde, a essas imperfeições vieram se juntar varizes, estrias, celulite, olheiras, cabelos brancos e uma barriguinha.

Sim, eu tenho um filho. O que reforça as olheiras. Mas nesse contexto elas perdem por completo a sua importância.

Sim, eu tenho 37 anos. Não, eu não uso maquiagem. Talvez porque ao longo do tempo eu tenha aprendido a me aceitar assim, quase exatamente como sou. Talvez porque eu me ache, hoje, mais bonita do que realmente sou. Talvez porque eu não fique esperando a opinião do outro para me sentir assim. Quando eu me olho no espelho, fico feliz no papel de mim mesma.

Sim, eu gosto de aparecer. Isso me diverte e me faz levar a vida menos a sério.

Não, atualmente eu não pratico esportes. Porque sou preguiçosa também.

Sim, eu tenho muitas roupas. Sou consumidora compulsiva. Ainda estou me curando. Lentamente, que é como as verdadeiras curas funcionam. E a cura está em expor meus exageros, transformando o vício em uma coisa boa. Sim, eu já gastei demais, já me endividei, já sofri por isso. Já me culpei. Depois descobri que me culpar só me faria insistir no vício. Sim, eu me perdoei.

Sim, eu já sofri por amor. Muitas vezes. Já fiz sofrer também. E já perdi mãe, pai, avós, filhos no início da gestação. Sim, eu já me separei. E foi bom. Sim, depois disso encontrei o amor da minha vida e o perdi de um dia para o outro. Não, não foi fácil. Mas reencontrei a alegria. Não morri com ele.

Sim, eu só tenho a agradecer. Porque amei e fui amada. Porque temos um filho que ao sorrir me mostra que valeu a pena. Sim, faltaram algumas coisas com Gui – mostrar

Paris para ele, por exemplo. Faltou ele conhecer o próprio filho. Mas sobrou amor. E não faltou dizer nada. Nem ouvir.

Já vivi muitas coisas. E não me canso de me surpreender com a vida. Sim, para melhor.

Sim, eu me sinto sozinha. Mas não me assusto mais com isso. Tenho me achado ótima companhia.

Sim, eu me orgulho. Não das minhas perdas, mas da maneira como lido com elas. E de estar completando 24 anos de autoanálise. Desde os 13 escrevo sobre a minha dificuldade de estar no mundo. Tanto tempo, que foi ficando fácil. Já fiz as pazes comigo e com o mundo.

Sim, eu sou a filha mais nova de uma família de cinco. E fui mimada. E já fui insuportável. Não, eu não era ouvida. Eu me sentia abandonada. Só falava em tom de choro. Sim, eu me sentia feia. Sim, eu cortei os cabelos pela primeira vez aos 19 anos e nunca mais deixei crescer. Porque isso me libertou. Sim, foi uma alegria descobrir que a beleza estava dentro de mim, e não nos cabelos.

Sim, eu me tatuei 29 vezes. Isso também me liberta e me ajuda a levar a vida de um jeito mais leve.

Sim, eu gosto de me vestir bem. E demorei muito tempo para entender que isso era prioridade pra mim.

Sim, eu gosto de moda. Não a moda ditada pelo último São Paulo Fashion Week. Gosto de moda na coleção que eu mesma lanço ao fazer minhas escolhas. Gosto do desfile que começa a cada dia na hora de me vestir. Sim, essa é a minha forma de fazer moda.

Sim, eu poso de modelo. E me mostro, sem medo. Não, as fotos não têm retoque de Photoshop. E eu não tenho uma equipe para me vestir nem para me maquiar. Sim, tenho amigos talentosos que topam a minha viagem todos os dias. Sim, tenho sorte.

Sim, eu gosto de aparecer. E adoro elogios. Eles fazem do outro o meu espelho, e isso é muito bonito. Sei elogiar também. E sempre que o faço, é sincero.

Sim, estou em lua de mel com a modelo que existe em mim. Que tem olheiras, varizes, cabelos brancos e nenhuma maquiagem. Sim, estou em lua de mel também com a escritora que existe em mim.

Sim, eu convivo diariamente com uma ou outra frustração. E nenhuma é grande o suficiente para me fazer infeliz. Sim, eu vejo pessoas à minha volta. E muitas delas sofrem também. E a gente troca.

Sim, de vez em quando sinto inveja. Mas quando isso acontece, procuro a saída mais bem-humorada. Sim, é muito bom quando você consegue dar ao outro apenas o melhor que está em você.

Sim, eu ouço som bem alto no carro. Coloco os óculos escuros e canto a caminho do trabalho. Sim, hoje atraio olhares. Nem todos são bons. Mas aprendi a lidar com isso.

> *Sou triste e sou alegre. Sim, sou eu.*
>
> *Sim, eu sou mulher. E sou modelo, atriz, cantora. Trabalho num lugar onde posso exercer tudo isso. Construí meu próprio palco.*
>
> *Sim, eu me acho poderosa. Mesmo porque é comigo que posso contar. Sim, em alguns momentos percebo que a imagem que involuntariamente construí é diferente de mim. Mas é parecida também. E eu não tenho controle sobre isso.*
>
> *Não, hoje não tem foto. Hoje vou assim. Vestida dos meus sins e dos meus nãos. Vestida de mim mesma. Praticamente nua. Livre de falsas identidades e convidando você a se libertar também.*

Eu estava expondo a minha verdade, e me tornava mais forte à medida que ela se revelava. O tempo passou e mostrou que, não importava o que eu fizesse, eu seria criticada de qualquer forma. Incomodava a minha projeção. E incomodava cada vez mais.

Naquela época, era possível comentar num blog de maneira anônima, sem revelar sua identidade. Escondidos por trás do anonimato, eles não poupavam crueldade, fazendo suas projeções sem a menor cerimônia. Posso dizer que foi um período em que aprendi muito sobre o ser humano, e mais ainda sobre a minha capacidade de reagir (ou não) às investidas.

Meses depois escrevi a "Carta assinada para um ou mais anônimos":

A coragem de se expor incomoda. O silêncio incomoda muito mais.

A pose de modelo incomoda. A plateia incomoda muito mais.

Fotografar-se incomoda. Não resistir a dar uma olhadinha incomoda muito mais.

Ser mineira incomoda. Ser mineira e chamar atenção de gente de outros lugares incomoda muito mais.

Falar da dor incomoda. Sentir a dor na pele incomoda muito mais.

Expor a tristeza incomoda. Sorrir incomoda muito mais.

A falta de maquiagem incomoda. Sentir-se bem mesmo assim incomoda muito mais.

Imperfeições incomodam. Tatuagens incomodam muito mais.

A repetição incomoda. O diferente incomoda muito mais.

Um gosto diferente incomoda. Um gosto visto como bom gosto incomoda muito mais.

Ser mulher incomoda. Ser mulher e romper com os velhos comportamentos incomoda muito mais.

A crítica incomoda. O elogio incomoda muito mais.

Valorizar a moda incomoda. Ser valorizada por isso incomoda muito mais.

> Comprar compulsivamente incomoda. Conseguir transformar a compulsão em algo positivo incomoda muito mais.
>
> O caro incomoda. O que sai de graça incomoda muito mais.
>
> Gastar dinheiro incomoda. Ganhar dinheiro incomoda muito mais.
>
> A inveja incomoda. Principalmente a quem sente.
>
> Ser humano incomoda mesmo. Não se incomode, anônimo.
>
> Fale, que alivia. Eu não me incomodo.

Treze anos se passaram desde então. A exposição continua sendo um ato de coragem. A gente cai, se levanta, aprende e, quer saber?, se humaniza. Esse é o poder de ser de verdade.

Por falar nisso, semanas antes da tal cerimônia do Oscar, Fábio Assunção foi às redes e se admitiu dependente químico, transformando vulnerabilidade em força. Não há nada que desbanque a verdade. Nós é que insistimos na perfeição pra estragar tudo.

Não há como resolver um problema que você não sabe que tem.

Cartório de Fundo do Poço

Sempre fico confusa quando me perguntam meu estado civil. No papel, sou separada. Na vida real, sou viúva. Mas não éramos casados no papel: na prática, sou mãe solo. Meu atual namorado mora no apartamento ao lado. Poderíamos dizer que temos um casamento em casas separadas – ou seria melhor dizer "geminadas"? Não há um nome apropriado para o meu estado civil.

Há um restaurante aqui em BH cujo dono parece ter passado pelo mesmo tipo de conflito na hora de decidir o nome do estabelecimento. Pizzaria Frango Dourado foi como chamou o lugar. E a minha amiga ainda viu lá um cartaz: "Temos pastel". Ao nomear a casa, ele deve ter tentado incluir no raciocínio tudo aquilo que gostaria de oferecer, talvez tomando como base o próprio paladar.

Nomes são mesmo necessários. É preciso nomear alguém que nasce, pois é a partir do nome que vamos começar a conhecê-lo. E é melhor que lhe seja dado um nome novo, ou o bebê vai herdar significados que não escolheu para si. Nem todo mundo é capaz de lidar bem com um nome terminado em Filho, Neto ou Júnior, pois para isso é preciso escapar, antes, da tentação de repetir um exemplo, um ícone familiar, um feito – em vez de construir os próprios. Nomes estão na primeira frase da descrição de alguém. É preciso ter muito cuidado ao escolhê-los.

Precisamos nomear objetos, profissões, cargos e, principalmente, relacionamentos. As relações sem nome, disfarçadas de liberdade, revelam um trato onde também falta o respeito e a consideração. E a dor dessa falta não tem nome.

Amigo é nome precioso demais para se colocar em qualquer um. Chamar alguém de amigo demanda certo tempo. É também o tempo que vai mostrar quem, de fato, ao conviver conosco, terá a sabedoria para nomear nossos eventuais erros e com eles exercitar outro nome: o perdão.

Amigos não nomeiam o tempo. Nem conhecem nomes como inveja, ciúmes, cobrança. Amigos amam o simples, o silêncio, e nos entendem até quando não sabemos dar nomes. Amigos são simplesmente amigos. E isso é bem complicado de se encontrar.

Nomes ajudam a fazer existir. Papai Noel, por exemplo, de tanto ser citado, existe. E foi o grande responsável por fazer o meu filho largar a chupeta. E o que seria das minhas noites sem o Homem-Aranha, que, ao estampar os lençóis do Francisco quando pequeno, o levou a gostar um pouco mais da própria cama e um pouco menos da minha? Todos esses nomes habitavam nossa casa e eram muito bem-vindos. Como o Charlie, a Lola, o Batman, o Super-Homem, o Nemo, a praia, o mar, o avião, o planeta, o urso, o cachorro, o gato e até a barata, que também pode ser nomeada de mentirosa de tanto dizer que tem, sem ter.

E se para cada relação é primordial haver um nome, o mesmo se pode dizer dos sentimentos. Ainda que correndo risco de ser imprecisos, é bom exercitar nomes para o que sentimos. Amor e paixão falam de sentimentos muito diferentes, que vivemos confundindo a todo instante. A raiva tem um nome e é nele que começa a sua cura. É fundamental saber a paz, o contentamento, a angústia, a serenidade. Nomear as coisas também é um jeito de entendê-las, senti-las, tatear o imensurável. O nome é a medida, a sensação, o gosto que fica. Emoções nomeadas são aceitas, recebidas e mais bem vividas.

Dar nome aos lugares, às pessoas, aos momentos, às emoções. Escolher um nome diferente para cada manhã. Sentir a palavra do dia. Falar de amor usando o nome amor. Dar um novo apelido a quem já tem apelido. As palavras vão estar sempre aquém do que queremos expressar, mas nomear é tão bonito: com o tempo vamos dando aos nomes mais significados e eles vão ficando mais ricos. Nós também.

Confesso que em alguns momentos quero perguntar "Falta muito?", mas não tenho para quem fazer a pergunta. Acho que é da gente essa vontade de ter um porto seguro. Como quando a gente é criança e pela primeira vez vai se equilibrar na bicicleta sem as rodinhas de trás. E como é amoroso o pai ou a mãe que segura a bicicleta por um tempo, enquanto a criança se equilibra. Quando ela menos espera, percebe que está pedalando sem as rodinhas e sem ajuda. E então nota que não precisava mais delas. Mas a voz de um dos pais segue com ela, pra fazer da serenidade o seu ponto de partida.

Um lugar na arquibancada

A história começa em 1970. Caçula temporã de um casal com cinco filhos, fui recebida com festa. Meus irmãos tinham 7, 6, 5 e 4 anos. Dois meninos, duas meninas. A bola já rolava quando eu cheguei, de modo que tomei meu lugar na arquibancada, e não em campo.

E se nos meus primeiros anos de vida o mundo à minha volta se curvou aos meus desejos, a hora da verdade não tardou. Em casa, eu ouvia muito a frase "Você é muito difícil", o que tornava as coisas mais difíceis ainda. Não bastasse eu passar a me sentir meio sem lugar, o meu físico não era lá essas coisas. Eu tinha as pernas finas, os dentes tortos, muito cabelo – magrela, eu me escondia embaixo deles. Meu apelido na escola era Amostra Grátis e nenhum menino me chamava pra dançar música lenta nas festas.

Eu precisava de um psicólogo. De um ortodontista. De um milagre. O que encontrei foi um caderno pautado, onde então comecei a escrever, por volta dos 13 anos. Talvez eu buscasse um atalho para a delicadeza. A escrita seria uma espécie de curadoria amorosa, um exercício de suavidade, capaz de abrir uma porta de onde só sairia o melhor de mim. Mais importava escrever que ser lida – eu mesma me ouvia. E assim transferia para as mãos a inquietude da alma.

Minha mãe bem que tentou me ensinar a fazer tricô, mas a minha perseverança não deu nem para um cachecol. Com o caderno pautado, finalmente eu me sentia artesã. Escrever era meu trabalho manual, minha meditação pra não morrer de pensar.

Desde então, eu não me lembro de mim sem papel e caneta. A escrita lapidou minha forma de interagir com o mundo. Materializava os sentimentos para lidar com eles. Digeria o inaceitável. Amassava a dor com a mão como quem faz fisioterapia. Por muitos anos, o diário foi meu grande terapeuta. De tanto escrever, acabei na faculdade de comunicação. Conquistei amigos, cortei o cabelo bem curtinho, comecei a construir minha identidade e a escolher minhas próprias roupas – mais precisamente, comecei a gastar todo o meu salário em roupas. Eu tinha talento para me vestir e um talento maior ainda pra gastar dinheiro.

A roupa foi tomando espaço em minha vida. Nela comecei a colocar muitos dos meus conflitos, o que resultou naturalmente em exageros. A moda pode ser um recurso para reafirmar nosso aspecto único. Valoriza, na medida em que diferencia e ajuda a ressaltar a identidade de quem a usa. Por outro lado, deixa de ser remédio e se torna veneno quando se presta à uniformização, por exemplo. Ou quando se torna compulsão e, a qualquer sentimento de inferioridade, leva a pessoa imediatamente para dentro do provador. O mundo do consumo adora se aproveitar das falhas em nossa autoestima, usando-as como ponto fraco pra vender produtos pra gente.

Com uma boa parcela de culpa, desenvolvi uma relação íntima com o vestuário, o que só se equilibrou depois de um insight da minha psicanalista: "A moda é um grande prazer na sua vida. Você herdou da sua avó o dom de se vestir. Explore isso". Só então entendi: lado a lado com a compulsão, havia ali um gosto, um prazer incomum, que poderia significar um caminho novo e saudável na busca para me sentir melhor em minha própria pele.

Anos depois, como contei por aqui, a escrita e o vestir vieram me salvar de novo. Um belo dia, me vi cobrindo os desfiles das semanas de moda do Rio e de São Paulo. Em minha primeira vez no evento, aprendi como as coisas funcionavam: sentar-se na primeira fila era para poucos. Os assentos são marcados no convite, normalmente destinados a celebridades e aos que têm mais tempo no jornalismo de moda. Muitos ignoram as regras e ocupam lugares alheios. E há os que tomam suas filas A como permissão para a arrogância. São os que vão menos para ver do que para serem vistos. Mas em qualquer fileira encontramos pessoas "fila A" por natureza. São as que, de qualquer ponto da plateia, apreciam o espetáculo e tudo o que o cerca. Como a professora e editora de moda Iesa Rodrigues, com quem conversei um dia durante um desfile do Ronaldo Fraga. Simples, não ostentou sua experiência ao fazer observações as mais pertinentes sobre o que assistíamos. E quando comentei sobre a guerra de lugares, ela contou que havia assistido de pé ao desfile anterior. Antes que eu me indignasse, acrescentou: "Valeu a pena. Foi maravilhoso".

Pra você ver como a vida é engraçada. Foi num desfile de moda que aprendi: é preciso saber olhar na direção certa, ou perdemos o que realmente interessa.

Hoje me pergunto: será que eu seria escritora se desde cedo tivesse tido um lugar no jogo? Que privilégio ocupar um lugar na arquibancada, assistir à vida de outro ponto de vista e fazer gosto em aprender.

**Vestir é o gesto diário
de colorir a alma.**

Pelos provadores do Fundo do Poço

Um dia depois da morte do Gui, tive a certeza de que não teria mais vontade de comprar roupas novas, que abandonaria o prazer de me vestir. Uma falsa sensação de abandono de mim mesma, como uma punição. Como se perdê-lo fosse uma prova de que eu estava no caminho errado. Em poucos dias me peguei barriguda, dentro de uma das minhas lojas prediletas, escolhendo um vestido pra usar ainda na gravidez. Era a minha forma de acreditar no futuro. Ao me olhar no espelho, eu via alguém que não estava esperneando a não aceitação.

Também não desisti das fotos da gravidez. Aquelas das quais ele iria participar, mas não deu tempo. Maquiada e alegre, registrei aquele momento pelo qual esperei tanto e que, mesmo em circunstâncias absurdas, era um momento maravilhoso. O Francisco, dentro da minha barriga, exalava uma beleza inédita em mim. Era eu cuidando de mim, pra cuidar dele, pra cuidar de nós.

Quinze dias depois do parto, fui a uma festa de aniversário usando um vestido curto, exibindo as pernas que estavam em ótima forma. A roupa me salvou durante o luto – e não era a primeira vez. Eu era a mãe mais feliz. Eu era a mulher mais triste.

Quando uma mulher dá à luz, ela precisa se encontrar de novo depois daqueles nove meses. É hora de se reconhecer no corpo que tem agora, com todas as transformações físicas e psicológicas da maternidade, e dar à luz essa nova mulher que nasce junto com a mãe. A mulher precisa se reconciliar com seu corpo depois que o bebê nasce. É um processo de "re--conhecimento". Olhei para o meu armário repleto de roupas e comecei a usar essas roupas de uma forma diferente. Comecei a enxergar a moda e as roupas como uma maneira de ser muitas mulheres. Comecei a brincar com isso. Criei o blog *Hoje vou assim*. Era só isso o que eu queria dizer: hoje vou assim. E no dia seguinte: hoje vou assim. O vestir diário era muito mais do que um desfile de moda, muito mais do que uma mulher se reencontrando. Era uma forma de dizer a mim mesma e ao mundo: hoje acordei, me vesti com essas cores, fiz uma oração para o meu dia. Quero viver. Quero reencontrar a alegria. Decidi que postaria, todos os dias, uma foto da produção que eu havia escolhido para ir comigo para o trabalho. Que mulher eu acordei hoje? E amanhã, que mulher vou acordar?

Exibir minhas escolhas – e meu humor, minhas alegrias e tristezas – para outras mulheres começou a mexer com o dia a dia delas. De repente, me vi transformando a vida de outras mulheres, quando a primeira transformação que eu buscava era a minha própria. Eu estava fazendo, sem saber, o tal do "empoderamento feminino", numa época em que o termo praticamente não existia no Brasil. E as mulheres começaram a se sentir mais felizes consigo mesmas, como eu também estava me sentindo. Começava ali o meu caminho de volta do Fundo do Poço, onde eu havia aprendido tantas coisas. Um caminho longo, que percorri sem pressa – e muito bem vestida, por sinal.

Se em outro tempo a moda tinha sido uma compulsão, poderia agora ser cura. E foi. Eu me vestia para não me entregar, para acreditar no futuro, para tirar férias do meu luto e conhecer várias de mim. Brincando de esconde-esconde com as roupas, fui me encontrando de novo. E colocando no mundo muitas outras de mim.

A moda entrou na minha vida pelo corpo, não pela cabeça. Era a intuição batendo à porta. E eu abri. Foi a mulher em mim quem me salvou. Uma mulher forte, triste. Uma mulher de uma alegria desconcertante. Foi a minha arte, a minha dor, a minha sensibilidade. Foi o detalhe, o sutil. Foi o meu luto, vestido de preto e de todas as outras cores.

Sobre a minha alegria, essa que aprendi de mim. De vez em quando me perco dela e ficamos a nos procurar: eu por ela, ela por mim. Sei que ela está aqui. Como quando perco alguma coisa dentro da bolsa repleta de coisas e toco em todas elas, menos no que é tão urgente. Respiro fundo. Calma, ela está aqui, tenho certeza. É simples, eu vou encontrar.

Aula de fotografia

Há muitos anos assisti a um filme australiano chamado *A prova*, que ficou marcado na minha memória como a história de um homem cego que fazia de uma câmera fotográfica os seus olhos. O personagem fotografava todos os lugares por onde passava, todas as circunstâncias que vivia, a fim de provar que, mesmo sem enxergar, tinha estado ali, tinha "visto". Recorrendo ao Google, descubro que na verdade o longa-metragem de 1991 conta a história de um homem cego que, desde a infância, se sente enganado por quem enxerga. Por isso faz uso das fotos. De uma forma ou de outra, seja no enredo original do filme ou naquele que a minha memória romanceou, o registro fotográfico entra como o elemento capaz de tirar a prova dos nove.

Acho que minha decisão de escrever as cartas para Francisco tinha a ver com essa sensação. Eu precisava provar o que vivi, que aquele amor existiu e, como ele, o projeto da família que estávamos formando. Precisava pavimentar a estrada do Francisco, blindar a sua origem desse "curso natural das coisas" que tende a tornar tudo cada vez mais distante e invisível.

Quem diria que, na minha trama, uma câmera fotográfica também teria papel central. Minha Sony Cyber-Shot, câmera digital portátil que comprei em 2005 ou 2006, teria sido testemunha ocular de praticamente todos os momentos importantes da minha história com o Gui.

O começo do namoro, quando ainda nem era namoro. A pousada do século XVIII em Tiradentes, para onde fugimos pela primeira vez. Nossos bailados de rosto colado pela sala do apartamento. Minhas saídas com os amigos enquanto estivemos separados. Meus 35 anos. As primeiras batidas do coração do Francisco, captadas da tela da ultrassonografia, com direito aos comentários do médico. Os primeiros sinais da barriga apontando e depois crescendo, semana a semana. Minha festa de 36 anos, em que a gravidez ainda era segredo para boa parte dos convidados e eu evitava a pista de dança para não colocá-la em risco. O Natal de 2006 comemorando o presente que chegaria em março. A sequência de fotos juntos, experimentando a sunga e o biquíni comprados pra viagem de fim de ano, e que viriam a ser as únicas da família reunida. A viagem à Ilha Grande, os amigos que fizemos lá, nosso último *réveillon* juntos. As últimas fotos do casal. Francisco no meu colo logo depois do parto, molhando meus olhos de esperança. A primeira mamada, a primeira papinha, a primeira aula de natação. Os primeiros passos e uma infinidade de passos seguintes.

Pouco depois da partida do Gui, organizei um álbum com as nossas mais de mil fotos e não demorei para imprimir todas elas, algumas em mais de uma cópia, na ânsia de assegurar que a nossa história não me fosse roubada. O luto multiplica o valor das lembranças. E nos agarramos a elas, numa tentativa irracional de trazer aquele tempo de volta. Tratei de levar minha câmera para todo canto, como se buscasse sugar da vida toda a sua materialidade, evitando o risco do seu desaparecimento. Talvez eu desejasse viver tudo de modo sublinhado, como forma de garantia.

Cabe lembrar: a câmera digital surgiu no final do século XX, popularizou-se nos anos 2000, mas logo foi desbancada pelo smartphone. Antes disso, fazer fotos era como apostar na loteria, com o máximo de 36 chances de acertar um clique. A julgar pela quantidade de vezes que hoje repetimos uma *selfie*, dá para se ter uma ideia da remota possibilidade de conseguir uma boa foto com um filme de apenas doze poses. Além de nos livrar da ansiedade da espera, o digital nos isentou do gasto com o filme e as cópias. Só quem viveu a transição do analógico para o digital conhece a sensação mágica de poder ver a foto instantes depois de clicá-la.

Se meu filho não sabe esperar 10 segundos sem olhar o visor do celular, jamais terá ideia da sensação de poder que tomou conta de mim quando me vi de posse da minha digital portátil. Era a materialização do controle. Eu sabia que aquela compra mudaria a minha forma de registrar imagens, mas não fazia ideia do papel que ela assumiria na minha vida.

No começo da gravidez, decidimos registrar o crescimento da barriga. O Gui posicionou um tripé num ponto da sala do meu apartamento, diante do painel com a foto antiga dos meus pais, e ali era feito o registro diariamente, sempre de perfil, para que a gestação fosse eternizada quadro a quadro. Fazer uma foto todo dia pela manhã tornou-se um hábito. Tanto que decidi continuá-lo na ausência do Gui. As fotos assumiram então um papel terapêutico surpreendente: eram meu ato de resistência, minha forma de olhar para o futuro.

Quando o Francisco fez seis meses e eu voltei a trabalhar na agência onde eu havia trabalhado com o Gui, decidi registrar uma outra gestação: a minha própria. Dia a dia, na frente da porta da agência, eu fotografava cada fase do meu renascimento. Vestir era o gesto diário de colorir a alma para o desafio novo de cada dia. Por seis anos, no mínimo, aquela mesma câmera registrou minhas produções diárias de moda, de maneira pioneira no Brasil. E do meu ato de resistência nasceria uma nova profissão. Desconheço investimento mais rentável que a minha Sony Cyber-Shot.

A facilidade absurda em registrar imagens revela um traço bastante curioso dos nossos tempos: materialistas ao extremo, somos incapazes de conviver com a transitoriedade da vida. Aos nossos olhos, tudo é descartável, menos nós mesmos. Registramos cada momento freneticamente e onde os guardamos? Num ambiente virtual chamado "nuvem". Uma inversão de valores que nos leva a adiar a vida para depois. Registrá-la é mais importante do que vivê-la. Por outro lado, a inclusão dos cliques na rotina nos aproxima do ideal da empatia, ou de parte dela: ver com os olhos do outro.

Da rotina de fotografar guardei uma estratégia para lidar com o entorno, cujo controle não me cabe.

Quando perdi a audição do ouvido direito subitamente e passei a conviver com um zumbido que não cessa, tomei o foco e o desfoco como sabedoria de vida. A despeito do que parecia impossível no começo, aprendi a ampliar meu mundo e assim me distrair do ruído insistente produzido pelo meu cérebro. Se me lembro do zumbido e o percebo, já estou treinada em desfocá-lo de novo.

Mais do que as fotos, talvez devêssemos guardar essas lições que a câmera revela. A vida nos dá a chance de ajustar o foco a cada circunstância, aproximar ou afastar a imagem para torná-la mais palatável. Engrandecer o entorno quando os tempos pedem; acionar a lente macro quando do detalhe vier a força. Fazer escolhas bem cuidadas, enquadrar o que realmente importa. Manter os olhos abertos e atentos para o clique na hora certa. Porque os momentos preciosos não anunciam sua chegada.

MARCO ZERO

Não se engane. Começar de novo não é voltar para o início do tabuleiro do jogo. Você recomeça, mas nunca do mesmo ponto.

Monumento aos Heróis da Desistência

Lembro-me de um antigo programa de TV, realizado pelo extinto banco Bamerindus, chamado *Gente que faz*. O ator Gianfrancesco Guarnieri narrava trajetórias emocionantes de personagens reais que tinham batalhado incansavelmente por um objetivo. Naquele tempo, a indústria do sucesso tinha um quê de poesia. Hoje, tudo indica que ela está no seu auge – se não estiver, alguém precisa detê-la com urgência.

"Levei vinte anos pra fazer sucesso da noite para o dia", disse o comediante, cantor e ator estadunidense Eddie Cantor. Não sei nada sobre sua carreira, mas a meu ver ele já foi muito bem-sucedido na frase. Sucesso de uma hora para outra é só para quem vê de fora. Mas nós adoramos alimentar essa lógica. Mais que a busca por ser bem-sucedido a qualquer preço, o que cansa são as receitas. Basta uma voltinha pela livraria do aeroporto para encontrar uns vinte caminhos diferentes para "chegar lá". Se todas funcionarem, a capa da próxima *Forbes* será como aquelas *selfies* coletivas, com centenas de passageiros frequentes se apertando pra caber na foto. Como se não bastasse a obrigação de chegar ao topo (deve estar perigoso tanta gente amontoada lá em cima), é preciso seguir as rotas recomendadas.

Gestão do tempo, exercícios de foco, meditação e, claro, alimentação saudável e atividade física – porque de nada adianta prosperar sem ser bonito e sarado.

    O cara busca o sucesso para ter uma vida mais tranquila, mas depois não tem sossego: o troço vicia. Mirar o alto para ter um panorama privilegiado não garante "vista definitiva". Sempre existe a chance de alguém construir um arranha-céu bem em frente e avacalhar a paisagem. O fardo é pesado demais em nome desse destino que nem se sabe se é tão legal assim. E, só de pensar em levantar da cama pra academia segunda cedo, o sujeito já é acometido por uma preguiça crônica.

    O perigo de tantos métodos prontos para esse tipo de "jornada" é desconectar-se da bússola que trazemos no peito, aquela que sabe mais do que qualquer planilha eletrônica. Acontece que, nesse mundo em que escolher a escola de inglês do filho é tópico discutido com outras centenas de pessoas em grupos do Facebook, "seguir o coração" é considerado insanidade. E é aí que a gente deixa de ser "gente que faz". Que coloca o coração no papel principal e faz, porque é uma necessidade, um ímpeto, um impulso incontrolável de quem sabe que tem de ir e não se questiona, simplesmente vai e faz. E também desiste, se preciso for.

    Provavelmente ninguém vai lhe ensinar isso. Dê um jeito de aprender, você vai precisar. Saiba desistir, porque em algum momento da vida isso vai ser necessário. Focar o que é, e não o que poderia ter sido. Colocar a vida à frente do orgulho. Seus desejos à frente do que os outros desejam pra você. Uma ousadia, um disparate, uma loucura, eu sei.

Provavelmente ninguém vai lhe ensinar a entender o que você realmente deseja. Mas dê um jeito de aprender. Em algum momento da vida, desistir vai exigir mais coragem que seguir em frente. Desistir será o mesmo que parar de tentar. E parar de tentar pode ser finalmente o começo.

Seria oportuno um programa chamado "Gente que faz, mas não consegue", ou "Gente que desiste porque estava ficando chato", ou quem sabe "Gente que jogou tudo para o alto e quer mais é ser feliz".

Em nosso imaginário, sucesso é um lugar para onde nos mudamos definitivamente. Mas ele tem algo semelhante ao fracasso: os dois são passageiros. E "nos colocam igualmente distantes de nós mesmos", como define a escritora Elizabeth Gilbert, autora do best-seller *Comer, rezar, amar*. Diante do medo de escrever outro livro sem a mesma repercussão, tudo o que ela fez foi ignorar o medo e seguir escrevendo. Isso é sucesso pra ela. Para outros, pode ser só viver em paz, sem precisar de muito. E deixar este mundo sem ter construído um currículo imponente, mas com a alegria de ter muito amor em volta. Sucesso é a aeromoça memorizando os pedidos e equilibrando até a fileira 27 uma coca, um suco e uma água, com um sorriso no rosto, com a missão de servir todos os passageiros antes do pouso.

Sucesso também pode ser desistir, desapegar e seguir em frente. Desistir, não porque faltou coragem, mas justamente porque ela estava lá.

A escritora Sarah Lewis concorda comigo. E diz que, para atingir a excelência, é essencial saber quando desistir e quando persistir. Em seu livro *O poder do fracasso*, ela conta histórias para provar que o fracasso precisa ser abraçado para nos impulsionar para a frente. Sarah decidiu pesquisar o assunto movida por um incômodo pessoal: por que se fala tão pouco sobre isso? Descobriu que a maior parte das pessoas dispostas a falar sobre seus tropeços só o fez depois de um período de sucesso.

Alguns, no entanto, fogem à regra. Em 2009, um cara chamado Brian Acton tentou ser admitido como programador no Twitter. Ao falhar, não se abateu e publicou uma mensagem na própria plataforma: "Fui rejeitado no Twitter. Tudo bem. Teria sido uma bela jornada". No mesmo ano, foi reprovado no processo de seleção do Facebook. Mais uma vez registrou no Twitter, dizendo que estava na expectativa da próxima aventura. E ela estava prestes a acontecer: no mesmo ano, em parceria com o ucraniano Jam Koum, Acton criou um aplicativo chamado WhatsApp. Que provavelmente concorre com este texto agora, tentando roubar sua atenção. O aplicativo foi vendido por 19 bilhões de dólares – 12 bilhões deles em ações do Facebook. Brian finalmente ingressou na empresa – como acionista.

"O fracasso significa o despojamento do que não é essencial", diz J. K. Rowling, autora da saga *Harry Potter*. "Você nunca vai se conhecer de verdade até ser testado pelas adversidades."

Sucesso e fracasso não são meios de vida, são parte dela. A vida é risco, 24 horas por dia. Risco de perder, risco de ganhar. Da frase "Sou brasileiro, não desisto nunca", dispenso cada letra e cada vírgula. Não desistir nem sempre significa conseguir. É inevitável dar uma chegadinha ou outra no Fundo do Poço de vez em quando.

A poesia
cava em mim
como se esculpisse
em baixo-relevo

Cava em mim
o que me falta
os silêncios
que não aprendi

A poesia
quer entrar
mas as palavras
fazem peso na porta
Cama pesada
mesa de cabeceira
guarda-roupa
pra poesia não abrir

E o poema se faz
folha de papel
Pra passar debaixo da porta
silencioso feito nuvem

A língua do silêncio

A mãe sai do quarto do bebê com a expressão de alegria de quem constata que ele agora dorme tranquilo. Tudo certo: brincou, mamou, arrotou, fez xixi, fralda limpa, corpo quentinho, dormiu. Agora é com o tempo, sorri a mãe em êxtase, mesmo sabendo que daqui a pouco, quando ele acordar, começa tudo de novo. O silêncio de um filho dormindo é silêncio de vida, recheado de futuro, pura potência de existir. Mas o menino cresce, a vida fica mais complexa, o tempo passa e o silêncio passa a ficar escasso.

Pense bem, como é que uma criança aprende a falar? Exercitando a imaginação: preenchendo a mente com imagens e as devolvendo ao mundo em palavras. No desenvolvimento da fala e, mais tarde, da leitura e da escrita, ronda um perigo: ter seu universo reduzido à palavra, em detrimento de tantas outras linguagens. Aprender a falar não deveria significar desaprender olhares, melodias e sensações táteis. Ao relegar o não dito ao segundo plano, perdemos recados importantes. E nos viciamos no verbo, embora haja um sem número de lugares em que ele simplesmente não chega. E olha que estamos falando de uma forma de linguagem num mundo cada vez mais invadido por diversas outras.

O silêncio que nos falta é nosso, do outro, do mundo. Um minuto parece eternidade, não sabemos mais esperar. Queremos a resposta, os pães, a sacola, o passo à frente, a solução, a fofoca, a surpresa, o recibo, o cardápio, a sobremesa, a conta, o troco. É proibido não ter nada a dizer. Temos medo de ensurdecer no silêncio, como se dizer e ouvir fossem o que nos mantivesse vivos. É preciso aprender a falar água correndo, passarinho cantando, vento ventando. Sussurrar rolha de champanhe, serra de pão, ovo quebrando, água fervendo. É preciso dizer sem significar.

Não fomos educados para o silêncio. Sua presença constrange. Talvez tenhamos medo do que ele tem a nos dizer. Seguimos falando para mascarar nosso barulho interno. O silêncio é constrangimento, espaço para a dúvida, é ter de escolher o que fazer com o tempo. Tira do automático, mostra o espelho, exibe as faltas. Silêncio é solidão e medo.

Tive uma colega de academia que falava durante todo o treino – se é que ela treinava. Quando tentei bater um papo com ela, descobrimos posições políticas divergentes. Foi a primeira vez que a vi encerrar um assunto. A sala de musculação era o seu lugar mágico, onde havia sempre alguém disposto a um segundo exercício: o da escuta. Já o meu diálogo com um amigo do tempo da escola acontece no silêncio. Volta e meia ele me envia por WhatsApp uma imagem, sem legenda ou comentário. E assim tento praticar um idioma no qual sou pouco fluente.

Até mesmo na hora de dormir. No pensamento, os problemas gritam, as soluções se desenham escandalosas, atrapalhando o sono como o volume alto da TV. Até que finalmente adormeço. E sonho incessantemente. E meus sonhos são barulhentos. Como é estridente o despertador no dia seguinte: o botão que liga de novo o turbilhão. Peço a ele mais cinco minutos.

 Fazia algum tempo que o silêncio tentava falar comigo. No dia 26 de setembro de 2020, ele enfim conseguiu: acordei surda do ouvido direito. Além da surdez, tontura, enjoo e um zumbido que começou forte, suavizou, depois voltou. Laudo da audiometria: perda severa no ouvido direito. Durante o exame, quando a fonoaudióloga falou algumas palavras para que eu as repetisse, não acertei nenhuma. Era o silêncio gritando no meu ouvido. Curiosamente, 26 de setembro é o Dia Nacional do Surdo no Brasil. E eu não estava disposta a fazer parte desse grupo. O silêncio como um castigo foi o que logo senti. Iniciado o tratamento e a busca desafiadora pela causa do sintoma, passei a desejar de volta o silêncio que eu temia. Como a gente faz com a saúde e até com os afetos, precisei perder o silêncio pra dar a ele seu devido valor. Um zumbido nesse mesmo ouvido virou companhia permanente. Dei até um nome pra ele: La Fontaine. Ele é a cigarra, eu sou a formiga. Enquanto ele canta, eu trabalho. Ou pelo menos tento.

 O problema do zumbido é a falta de um botão de volume ou de uma playlist diversificada. Não é o Devendra Banhart tocando no meu ouvido, é um motor de geladeira na cozinha. Só que no ouvido, ou melhor, no cérebro. É o cérebro que produz o som que só eu sou capaz de ouvir, um escancarado alarme do corpo pedindo atenção à saúde. E durma com um barulho desses. Dormimos. Eu e 28 milhões de brasileiros. 278 milhões no mundo, segundo a Organização Mundial de Saúde. Os sons podem variar. Graves, agudos, grilos, cigarras, chiado ou cachoeira, motor, sirene, apito ou panela de pressão. Não bastasse o som na caixola, lá dentro o pensamento grita, atordoado e confuso, sem saber de onde vem isso e onde fica o botão do desliga. Não desliga. Jamais pensei que isso pudesse acontecer com um ser humano. Agora sei. O silêncio mandou seu recado: "Quem mandou não me dar valor enquanto eu tava por perto?"

Depois de uns vinte dias, a tontura foi embora e o ouvido começou a dar sinais. Alguns sons chegam em baixo volume, os agudos distorcidos nessa caixa de som que é a minha cabeça. Uma segunda audiometria acusa leve melhora. De perda severa para perda moderadamente severa. Se um dia o ouvido voltará à ativa ou se fugiu para um paraíso fiscal, só Deus sabe. Em mais essa viagem ao Fundo do Poço, descobri: o silêncio que amedronta pode ser o silêncio que cura.

A verdade é que temos pavor do que os silêncios dizem. Evitamos o olhar do outro, tapando com palavras o medo do espelho que ele pode vir a ser. Somos analfabetos para ler o que não se escreve, surdos para ouvir o que não se diz.

Um artista chamado Henri de Miller conseguiu dizer tudo isso sem usar uma palavra. Ele criou uma escultura que hoje fica a céu aberto no bairro de Les Halles, em Paris: uma enorme cabeça apoiada sobre a mão, semblante sereno, como se escutasse o mundo em volta. A obra impacta os transeuntes diariamente, provocando silêncios de contemplação. Deparei com ela em 2004 e em 2019, quinze anos depois. O impacto foi o mesmo. Amo as palavras, mas o indizível não tem preço.

Anos atrás, numa véspera de feriado, eu aguardava uma amiga em casa enquanto Francisco saía do apartamento com três amigos e a mãe de um deles. Rumavam a pé para o prédio vizinho, levando um colchão emprestado. Os quatro meninos davam risadas na tentativa de carregar o objeto, pesado e molengo. Depois de muitas trapalhadas, finalmente compreenderam que era melhor sair enfileirados, equilibrando o objeto sobre a cabeça. Seguiram cantarolando, animados para a farra que os aguardava. Naquele fim de tarde eu fechei o portão e entrei no prédio, deixando lá fora os sons que desenhavam uma noite tranquila. Crianças correndo, cachorros latindo, adultos conversando, harmonia interrompida por um ou outro carro que passava.

A felicidade chega em silêncio. Sem aviso, pra mostrar que tudo pode ser simples. As pessoas que perdemos, a infância que não volta, a viagem que um dia será. A gente vive se distraindo com o passado e com o futuro. Mas é o silêncio que nos lembra a vida agora, gritando por nossa presença. Talvez seja isso o que La Fontaine quer me dizer.

A vida não é o que
nos acontece.
É o que a gente faz
do que nos acontece.

Dores recicláveis

Amanhã começou diferente em plena Livraria Cultura da Avenida Paulista. "Melhor que praia", foi o que pensei quando entrei na loja. Passear pelo mar de livros catando pérolas nas conchas. Não sou dada a ler tantos livros quanto eu gostaria, e a internet é uma grande culpada por isso, mas tenho gula por eles. Tive um namorado que dizia que o importante é sentir a textura do autor. E num lugar como a Cultura a impressão é a de que estamos salvos, passeando entre histórias que são sempre inventadas, já que o ponto de vista é o bastante para que uma história real se torne literatura.

Eu tinha quatro livros nas mãos quando ouvi a voz de uma senhora a poucos metros de mim: *"O morro dos ventos uivantes! Eu li esse livro quando era menina. E vi o filme! Um amor lindo, que não existe mais..."*. Era para uma mocinha que ela se dirigia – ou para si mesma quando mais jovem, porque naquela fala havia uma dor. E enquanto eu rodeava o *corner* em busca de outras pérolas, a emoção daquela senhora miúda encontrava abrigo em mim. Até que, sem planejar, deparei com seu rosto. Nós três – eu, a mocinha e a senhora – nos encontramos sem querer, em uma das voltas em torno das pilhas de livros a gritar por nossa atenção. Seus olhos pequenos estavam marejados, cristalinos, como que atingidos por uma luz especial. E os meus se encheram d'água ao ver aqueles olhos voltados para mim. Segurei em suas mãos, sem saber muito o que dizer. E precisei de um abraço para não cair no choro sem fim. (Ou quem sabe a minha vontade era buscar seu colo para chorar com ela por aquilo que não volta mais.) Ela não precisou dizer nada. Entendi.

Eu vinha pensando no quanto é bonito haver tantas pessoas a nos contar histórias. Não são histórias para dormir, e sim para querer acordar no dia seguinte. Para que possamos viver outras vidas. Para nossa vida fazer sentido. Não quis me alongar para não desabar em plena livraria. Depois de mais um abraço, eu me despedi da dona Irani, que também enxergou minha alma. Fui me abrigar em outra prateleira, a primeira que aparecesse. Parou-me no caminho uma edição com encadernação de pano, da Cosac Naify: *Carlos Drummond de Andrade: poesia traduzida*. Sim, era esse o nome, mas só mais tarde entendi que a edição trazia as versões de Drummond, para o português, de poemas escritos por autores internacionais. De modo que, quando li, havia também surpresa, porque aquele não parecia ser um verso de Drummond:

Senhor!
(Em que ponto eu estava?
Ah, sim, este sol, esta flor...)

Obrigada.

Sua criação é uma beleza.
E este perfume de rosa!
(Mas onde é mesmo que eu estava?)
A gota de orvalho acende fogueiras no coração do lírio.
Eu precisava ir. Nem sei mais.
O vento pintou suas fantasias em minhas asas.
   Fantasias...
(Em que ponto eu estava?)
Ah, é verdade, Senhor, eu tinha uma coisa para lhe
   dizer: Amém.

Tive que buscar um canto pra me sentar. Mas a vontade de abrir a torneira não passava. Precisava assoar o choro. Escrevi, envolvida pelo calor dos livros. Coloquei no papel minha conversa com Drummond, Irani e Carmen Bernos de Gasztold, francesa, autora do poema original, intitulado "Oração da borboleta". Um mergulho no mar calmo de livros uivantes.

Saí da livraria com alguns livros e o desejo por muitos outros. Mas a minha caminhada pela Avenida Paulista teve duas nobres razões: olhar nos olhos de dona Irani. Depois, ler o poema de Carmen. Amém.

Gosto da sensação de ter sido lapidada pelas pessoas.

Museu de esculturas vivas

Eu me lembro de imaginar um mundo perfeito em minhas brincadeiras de criança. Brincando sozinha em um canto protegido da casa, eu me cercava de fantasias e me blindava do indesejável. O escritório onde eu carimbava e empilhava papéis, a barraquinha de verduras, o laboratório da cientista (que de maluca tinha a sua obsessão pelo caminhar previsível dos acontecimentos). Como não houve tempo para acompanhar meus irmãos em suas brincadeiras, era todo meu o quintal habitado por uma jabuticabeira, escorregador e "roda-roda". Eu roubava uma bacia de alumínio da lavanderia e ela cabia direitinho em cima do volante do brinquedo de rodar. E como não houvesse ninguém para cirandar comigo, era na bacia que eu me sentava, pernas cruzadas em posição de lótus, e impulsionava as cadeirinhas vazias só pra me divertir com o trepidar. Cercada de amigas imaginárias e príncipes sempre encantados, eu brincava de ter controle sobre as coisas.

Do quintal de cimento ao asfalto do mundo real, haveria ainda muito chão pela frente. Ao longo do caminho, eu me calejei foi com as pessoas. Se é no conflito que mora o encontro, isso foi bem duro de aprender. Relacionar-se não era assim tão divertido, pois no jogo da relação trepidavam vontades as mais diversas.

Quando meus irmãos e irmãs já não moravam em casa com meus pais, de vez em quando eu atendia algum deles ao telefone e ouvia a pergunta de praxe: "Tudo bem?". Eu achava que poderia ser sincera – e era –, afinal, era um irmão do outro lado da linha, e de fato nem sempre estava tudo bem. Até que minha irmã achou por bem esclarecer que aquela não passava de uma pergunta retórica, que o mundo nem sempre estaria interessado em saber se eu estava bem. Foi dessa forma que aprendi que para estar no mundo é preciso interpretar alguns papéis sociais. A maior parte dos sentimentos que nos habitam são *personae non gratae* na sociedade.

Se minha personalidade insiste numa transparência constrangedora, a escrita me vestiu para ganhar o mundo. Através dela passei a domar o meu turbilhão interno. Diferentemente da fala, escrever me dava tempo para pensar, reler, repensar, e assim me permitia exibir primeiro o lado mais palatável da minha existência. Minha oratória acabou aprendendo essa elegância delicada da escrita, e o mundo foi me acolhendo de modo surpreendente. Não sem que eu o acolhesse primeiro. Hoje, aprecio as diferenças como quem contempla um bordado à mão. Na imperfeição do tapete mora a sua humanidade. Talvez, por me sentir diferente por tanto tempo, eu tenha aprendido a apreciar o que foge ao padrão e me cerquei de amigos os mais diversos, com o agravante (ou vantagem?) de me tornar também um livro aberto para o mundo.

Por isso me identifiquei tanto com um projeto dinamarquês chamado Biblioteca Humana. Criado no ano 2000 e exportado para 84 países, dentre eles o Brasil*, a iniciativa promove, algumas vezes por mês, um evento especial em escolas, universidades e bibliotecas públicas. A cada oportunidade, pessoas se voluntariam no papel de "livros" a serem "lidos" por outras pessoas. Como títulos, escolhem uma camada de suas histórias, de modo que cada pessoa pode ser dois livros diferentes, escolhidos pela capa que mais instigar o leitor.

Imagine a cena: dentre dezenas de opções, uma leitora escolhe o título "Solitário". Um homem na faixa dos 40 vem ao seu encontro, os dois se sentam frente a frente e a leitura começa. O homem-livro revela que sofreu *bullying* na escola por ser calado e não ter talento para esportes. Que aos 12 foi amarrado a um poste, sem roupas, no inverno de 5 graus negativos da Dinamarca. Que os amigos de infância também eram perseguidos só por serem seus amigos e, ao se afastarem, deixaram-no ainda mais só. Que até hoje não consegue confiar em ninguém. O impacto do leitor com as camadas de uma história que vai muito além do título provoca empatia e semeia a tolerância a partir da quebra do estereótipo.

Se Caetano canta que "de perto ninguém é normal", eu diria que de perto ninguém é tão diferente assim. Ante o mau hábito de julgar um livro pela capa,

---

* No Brasil, as bibliotecas humanas foram organizadas em Manaus, em 2020. Mas o projeto ainda precisa de parceiros locais e espaços para outros eventos no país.

o encontro com o livro humano coloca o leitor frente a frente com traços que espelham sua humanidade. Basta se aproximar para descobrir semelhanças por trás das diferenças e, assim, se desarmar.

Impossível não me lembrar de *O perigo de uma história única* da escritora nigeriana Chimamanda Adichie. Sua palestra transformada em livro, alerta sagaz contra o preconceito, ainda reverbera em mim tal qual a matéria que li na *Folha de S.Paulo* em 2020 sobre a tal Biblioteca Humana. Nigeriana, quando foi estudar nos Estados Unidos, Chimamanda encontrou uma colega de quarto compadecida, antes mesmo que se conhecessem. Baseada na história única de pobreza e catástrofe que ilustrava a palavra África em seu imaginário, a norte-americana ficou surpresa ao ver que Chimamanda sabia usar um fogão.

"Cego, Refugiado, Muçulmano, Autista, Bipolar, Bissexual. Uma mesma pessoa pode se inscrever no projeto com títulos diferentes para os livros que representa, já que cada título traz somente uma nuance", diz Marcelo Elizardo, autor da reportagem. Brasileira, Mãe solo, Tatuada, Cinquentona. Quantos títulos (e rótulos) eu poderia ser?

Mais do que enfraquecer estigmas, a ideia de fazer das pessoas livros abertos tem o mérito de desnudar também o leitor. A história única que criamos rapidamente sobre alguém que sequer conhecemos fala muito sobre nosso repertório e nossos pontos de vista, uma estrutura que sofre abalos bem-vindos no contato com o outro.

A verdade é que a vida só nos faz melhores quando nos deixamos lapidar por outro enredo, como um bom livro nos transforma. E não falo só das pessoas com quem nos relacionamos por escolha. Até aquelas que em alguma medida nos fizeram mal costumam trazer algum ensinamento importante e definitivo, que altera nossas formas e nos faz mais fortes.

A vaidade tem sérios problemas de autoestima.

Academia do amor-próprio

Cada nova viagem ao Fundo do Poço é um teste de amor-próprio. O luto, seja ele de uma morte real ou simbólica, nos isola do resto do mundo e nos traz uma sensação de menor valor, como se a vida fosse generosa com todas as outras pessoas e nos deixasse à deriva. Torna-se muito fácil sentir-se a pior das criaturas. Nessas horas, o alicerce capaz de nos segurar atende pelo nome de autoestima, uma palavrinha frequentemente mal interpretada e desgastada pelo uso, que tem uma importância bem maior do que a gente costuma imaginar. Então aproveite que você está no lugar certo para conhecer o que de fato significa essa palavra.

Antes de mais nada, autoestima não resulta da forma como os outros veem você, e sim da maneira como você se vê. Muitas vezes você até sustenta um discurso que faz parecer que está tudo bem com a imagem que tem de si – e chega a acreditar nele. Mas a construção da sua imagem de valor leva em conta aspectos nem sempre objetivos. Não é sobre beleza, poder, dinheiro, notoriedade. Até porque o mundo está cheio de gente rica, bem-sucedida, popular e de aparência invejável que se vê de modo distorcido. Tudo isso muitas vezes encobre um tremendo buraco onde o que falta é o sentimento de ser digno de amor.

A coisa funciona como um círculo vicioso: a maneira como você se vê influencia a maneira como você age, que por sua vez determina a maneira como os outros veem você. Novamente, a forma como os outros veem você pode influenciar diretamente a forma como você se vê, e assim por diante.

Acontece que a gente cresce na lógica da comparação. Sempre haverá alguém melhor, mais inteligente, mais engraçado, mais talentoso, mais sensato. E essa lógica muitas vezes é alimentada dentro de casa. Vou usar a mim mesma como exemplo: sou a quinta filha e, antes de mim, cada um dos meus irmãos já tinha um perfil definido, construído por comentários e falas dos meus pais, dos meus avós e até dos outros irmãos. Meu irmão mais velho tinha uma inteligência acima da média. Aprendeu a ler aos 3 anos, aos 5 corrigiu a professora quando ela chamou de camelo o desenho de um dromedário e, na adolescência, quando minha irmã começou a ter aulas de violão, tomou emprestado o instrumento e simplesmente começou a tocar, sem que ninguém tivesse ensinado. Anos depois, fez o mesmo com um piano e seguiu carreira na música. Nós quatro, os irmãos que vieram depois dele, podemos ter tido muitos méritos na vida, mas era difícil alcançar tamanha eloquência. Perdi as contas de quantas vezes vi minha mãe elogiando e contando histórias sobre o filho mais velho – e são todas verdadeiras, porque ele é mesmo incrível. Mas o que os meus pais não calculavam é como elas acabariam por oprimir "os outros" quatro.

Quando chega o segundo filho, é natural (embora não desejável) que ele seja comparado ao primeiro.

E assim se dá, sucessivamente, com os próximos. Acredite, os adjetivos vão ficando escassos. Em casa, a palavra escolhida para me definir foi: difícil. Difícil mesmo, eu diria. Talvez mais para mim do que para eles. Não duvido que, depois de alguns anos sendo mimada pelos pais e pelos quatro irmãos mais velhos, eu acabasse mesmo me tornando uma criança de trato complicado. Mas ouvir isso repetidamente das seis pessoas que moravam comigo durante anos definitivamente não foi o "tratamento" mais apropriado.

Eu tinha um sentimento de inadequação que não cabia. Escolhi fazer a única coisa que dependia apenas de mim e sobre a qual eu tinha certo controle: aprender a me amar do jeito que vim ao mundo. A moda e a escrita, generosas, foram grandes aliadas nesse recomeço – e em outros que viriam a seguir. O vestir me deu a chance de me enxergar por outros pontos de vista, enquanto a escrita me colocou no caminho do autoconhecimento.

É claro que meus pais não tinham consciência do que faziam enquanto colaboravam com essa construção equivocada. Autoestima não se aprende na escola e, na época, não era palavra considerada na educação dos filhos. Pelo contrário, sempre foi um conceito confundido com falta de humildade, falta de modéstia, vaidade.

É preciso esclarecer: são conceitos bastante diferentes. A vaidade entra no lugar vago da autoestima. Vaidoso é justamente o que não reconhece seu devido valor e, por isso, investe seu tempo e sua energia para se autoafirmar. Para o vaidoso, a medida do seu valor está no que vem de fora. Como ele se pauta pelo outro, precisa colocá-lo em posição de desvantagem para se sentir valorizado.

Sabe aquele cara do trabalho que fala muito e ouve pouco? O que está sempre em busca dos holofotes e tem dificuldade para trabalhar em equipe, porque não aprendeu a compartilhar? Ele não é autoconfiante nem tem a autoestima equilibrada: é vaidoso, isso sim. Muitas personalidades históricas que fizeram (e ainda fazem) muito mal à humanidade são na verdade grandes vaidosos, desprovidos de autoestima.

Saber-se digno de amor, ou seja, com a autoestima equilibrada, nos leva a um belo adjetivo: amável. Já reparou no poder dessa palavra? Tão linda, que já inclui o respeito e o cuidado com o outro. Ser amável com alguém parece ser uma consequência natural de estar bem consigo. Enquanto a vaidade busca o valor em detrimento do outro, a autoestima toma a si como parâmetro, jogando por terra a velha comparação. Quem tem consciência do próprio valor não se mede por conquistas ou fracassos. Admite suas imperfeições e perdoa as do outro.

Hoje em dia, graças aos bons psicólogos e pedagogos, podemos ter acesso a muitas informações que podem nos ajudar – e também ajudar a educar nossos filhos – rumo a essa consciência do próprio valor. Um processo que é uma construção, uma conquista de cada um. Da mesma forma que eu não tenho como exercitar um músculo que está no seu braço, e não no meu.

No meu caso, dei um jeito de buscar meus próprios recursos. O que foi ótimo, porque acabei aprendendo muitas outras coisas. Provavelmente foram esses caminhos tortos que me trouxeram até as páginas deste livro, por exemplo. Precisei desconstruir a narrativa que as outras pessoas tinham feito em meu lugar. E, como já contei aqui, do meu lugar na arquibancada, acabei desenvolvendo um bom senso de observação. Não foi tão difícil reconstituir o caminho e refazer rotas, a fim de chegar a um lugar diferente. Consegui, não sem algumas feridas que se abrem de vez em quando, e sigo condescendente – com os que estão à minha volta e comigo mesma.

Mas foi a partir de uma verdade que eles diziam sobre mim que construí o caminho da cura: eu era diferente, sim. Sou diferente. Como eles também são, cada um a seu modo. Como você também é. Cada um de nós é único, inigualável, insubstituível. E é justamente nessa unicidade que mora o alicerce da nossa autoestima. Pense nos motivos que fazem você gostar muito de alguém. Será que são só as qualidades? Bobagem, a gente gosta de uma pessoa porque ela é ela, e porque não existe ninguém igual a ela.

Todos temos dentro de nós um adolescente que busca identificação. Queremos ser aceitos pelos outros, e um dos mecanismos de aceitação é encontrar algo em comum. Acontece que, num grupo, o valor de cada pessoa está justamente no que ela traz de único. Quando nos aceitamos como somos, entendendo que sempre podemos melhorar, mas não precisamos nos tornar outras pessoas para ter valor, passamos a enxergar a diferença como aliada.

Gosto de brincar com uma situação hipotética divertida. Imagine encontrar o seu ídolo dentro do elevador de um grande edifício. Algo improvável, mas não impossível. Vamos lá, imagine: estamos na era pré-covid e você encontra o seu ídolo dentro do elevador. Leva um tempo para acreditar que é ele mesmo, mas vê de perto, constata que ele é mesmo um espetáculo e, ainda sem acreditar, você dá um sorriso tímido e esboça um "Hi!". Seu ídolo sorri de volta, educado, e, ao devolver o cumprimento, você percebe que ele tem um tremendo mau hálito. Sim, ele é humano, é de carne e osso, como você, e pode ser algo passageiro, quem sabe está com fome. Acontece nas melhores famílias. Enquanto o elevador se movimenta, você tenta se encontrar diante da rápida destruição daquela imagem perfeita do ídolo na sua cabeça. Você revê os filmes, cenas, fatos e fotos que ajudaram a construir a sua admiração por ele. Os últimos dados não se encaixam na imagem perfeita que você construiu daquele ídolo.

Seguindo a mesma lógica, pense: da mesma forma que você tem uma imagem pronta sobre uma pessoa famosa, você passou a vida construindo a imagem que tem de si mesmo. Também será preciso um bom tempo para desfazer esse seu retrato arraigado e construir outro melhor. Ao contrário do que acontece com os ídolos, a sua visão a seu próprio respeito está aquém do que você gostaria por um motivo muito simples: você é diferente dos outros, mas insiste em se basear neles para construir a impressão que tem de si.

Para mudar minha visão sobre mim, precisei entender do que ela era feita. Descobri que acreditei numa sequência de "histórias únicas" e limitadas que os outros contavam sobre mim. O dia em que minha mãe comentou que adoraria que eu fosse "mais cheinha"; as festas na escola em que ninguém me chamava para dançar; as aulas de educação física em que eu era sempre a última a ser escalada para o time porque era péssima em qualquer esporte que envolvesse bola; meus colegas de escola me chamando de "amostra grátis"; minhas tias e primos só se dirigindo a mim nas festas da família para pedir que eu fizesse pequenos favores. Em outras palavras, montei da minha vida uma biblioteca empobrecida, cujos títulos não traduziam minha verdadeira história. Até quando eu iria me julgar pelas capas dos livros? Foi preciso abrir e ler cada um deles. Os diários que comecei a escrever aos 13 anos foram um recurso para isso e, mais tarde, a psicanálise ajudou a aprofundar o trabalho.

Desconstruir essa narrativa em que eu não cabia, não me encaixava e não era aceita envolvia compreender que minha vida não era uma soma de histórias únicas a meu respeito – difícil, mimada, chorona. Eu também era generosa, divertida, engraçada, inteligente, cheia de amigos, tinha ótimas notas na escola. Tinha um precioso senso de observação, que me faria uma boa contadora de histórias e uma grande interessada pelo comportamento humano. Veja como as próprias limitações acabaram determinando conquistas e caminhos interessantes: foi por me sentir meio peixe fora d'água que acabei me interessando tanto por comportamento, e foi por ter começado a escrever cedo que desenvolvi a habilidade de traduzir essas experiências para outras pessoas que passam por situações semelhantes. Não é bonito?

Pense bem, você convive consigo mesmo há uma vida. São décadas e décadas acordando e indo dormir com você, ouvindo sua própria voz, estando ao seu lado a cada desafio. Garanto que, depois de tanto tempo, você não perdoa um deslize. Seja na aparência física, no trabalho, na relação amorosa (ou na escolha por não ter uma relação) ou com a família. Você quer abraçar o mundo com as pernas e, convenhamos, suas pernas andam bem cansadas. Pense comigo. Que histórias únicas sobre si mesmo você pode ainda estar se contando?

Lembre-se: da mesma forma que você tem uma imagem (geralmente equivocada) sobre as outras pessoas, você também é seu próprio espectador. E passou anos elaborando esse retrato de si mesmo – que certamente tem lá as suas distorções. A boa notícia é que você tem o poder de mudar isso. É um movimento de dentro para fora, e não de fora para dentro.

Dá trabalho, sim, porque pra mexer nessa estrutura você precisa demolir o velho ponto de vista. Ser mais generoso quando olhar para si mesmo e mais cético quando achar que o outro é perfeito. Quando somos capazes de compreender e detectar essa atitude, fica mais fácil substituir um conceito enraizado por outro mais realista e menos severo. Mudar a visão que você tem de si mesmo muda o mundo à sua volta.

Só que é preciso sempre refazer esse exercício, não é algo que se conquista e pronto. A autoestima é como um músculo que precisa ser constantemente exercitado, ou atrofia. Você nunca sabe quando precisará usá-lo em uma viagem ou outra ao Fundo do Poço. Mas não se preocupe: mesmo que ela esteja precisando de um treino, cada novo mergulho ali acaba servindo também para aprender e dar uma fortalecida nesse músculo tão importante pra vida.

"Ontem subiste, eu desci. Hoje eu subo, tu desces. É tão triste cair."

- Nelson Cavaquinho

O barzinho que fica em frente à academia

Acontece nas melhores famílias. O cara começa do nada, trabalha incessantemente, come alguns sacos de sal, até que dá certo na vida. Prospera. Constrói um nome. Muda de patamar e passa a morar na cobertura. Palmas pro cara. Ele conseguiu o que, disfarçada ou assumidamente, a maioria de nós deseja.

Finalmente ele chegou àquele ponto na estrada em que uma paisagem bem bonita pode ser avistada. Ainda há muito a caminhar, mas ele alcançou uma vista privilegiada. Olha para baixo, vê o caminho percorrido e se orgulha do esforço. Valeu a pena. E o que ele imagina ser sua hora de paz e equilíbrio é justamente o momento mais perigoso. É quando assombra o fantasma da superioridade.

Convencido de seu inesgotável talento, o pobre vencedor não consegue mais descer do salto. Acaba condenado aos calos – e pode sangrar os pés, mas dali não desce. Pessoas ou empresas nessa situação passam a ter uma visão idealizada de si mesmas. Influenciadas pelo que andam falando de suas figuras, passam a acreditar no mito.

Desprovido de insegurança, o mito não pisa mais no chão: flutua. Não precisa de ninguém: os outros é que precisam dele.

Não há mais o que conquistar – o mundo é que passa a sonhar em conquistá-lo.

Você já deve ter convivido com um superiorizado de perto. É a empresa que não valoriza o funcionário, porque acredita que é um privilégio trabalhar ali. O chefe que acredita ter ensinado tudo ao subordinado, e nem imagina o quanto com ele aprendeu. O empregador que usa a ameaça de demissão como método de gestão.

Não é preciso ir longe: é o homem certo de que nunca vai ser deixado pela namorada – até descobrir que ela tem um amante.

Complexo de superioridade é uma síndrome perigosa à qual todos estamos sujeitos. Uma espécie de miopia que nos impede de ver o mundo como é. Lá do alto, enxergamos mal o que ficou abaixo. Tudo fica pequeno e longe demais. Até o espelho.

Diferentemente do complexo de inferioridade, que nos mantém ligados demais ao medo e à insegurança, este outro, pelo contrário, nos faz acreditar que nada mais é preciso temer. E é aí que mora o perigo. Cair de um metro ou dois de altura provoca, no máximo, uma fratura. Cair do décimo andar é morte na certa. Do alto ao nada, em poucos segundos.

É bom não se perder nunca de sua humanidade falível, a mesma que o levou à conquista. Nada nos ajuda mais na caminhada do que uma parcela de dúvida sobre nós mesmos. Duvide um pouco – e sempre – de si mesmo. É a forma mais bonita e humana de caminhar.

Caso contrário, será inevitável visitar o Fundo do Poço com mais frequência.

**Fui feliz, mas
estava ocupada
demais pra
prestar atenção.**

Sala de des-espera

Quando estive em Willemstad, Curaçao, em 1997, uma placa no jardim do hotel me chamou a atenção porque parecia sinalizar um ponto turístico. Não me lembro o texto completo nem a data exata, mas jamais esqueci a essência da mensagem: "Neste local, na manhã ensolarada do dia 15 de agosto do ano tal, absolutamente nada aconteceu".

Lembrei-me disso num dia triste, desses em que amanhece, mas continua escuro aqui dentro. Eu viajava a trabalho, a solidão de praxe, aquela angústia de avião que não decola, motor ligado e o som de espera que não cessa. Alcancei na bolsa o meu caderno pautado e comecei a buscar assunto, como quem vasculha geladeira vazia desvendando o que fazer pro almoço. Talvez fosse só pelo prazer de escrever à mão. Sob o título "Lista de alegrias cotidianas", elenquei o primeiro item: *escrever à mão com caneta nova*. Tão bom, que eu não quis parar.

Levar Francisco à escola (momento em que ele fala naturalmente, sem que eu precise fazer perguntas, e assim tenho uma noção de como vão as coisas). Dar bom-dia na rua, ganhar um sorriso.

Eu já escrevia sem pensar. A mão autônoma, como se tivesse a coreografia na cabeça.

O primeiro café expresso do dia. Sentar-se no sofá da sala e deixar o corpo esquentar sob o sol da manhã que invade a casa. Observar a preguiça dos gatos. Três episódios seguidos de Friends. Encontrar um ouvinte, ouvir elogio, ganhar um abraço. Abraçar o Fran, apertar o Fran. Ligar para meu cunhado imitando a dublagem do extinto Emergência 911. Francisco fazendo uma cesta no basquete. Cozinhar degustando uma Stella Artois geladinha. Livro novo chegando da gráfica. Playlist da Fê Fadel na caixa de mensagem. Aquele insight incrível na terapia. Pão de queijo quentinho na esquina de casa. Aquela frase no livro que a gente quer grifar. O gato no meu colo enquanto trabalho. Exercício bem-feito no treino de TRX. O sono das seis da manhã. O último episódio editado do 50 Crises chegando numa mensagem de WhatsApp da Ju Sodré. Geladeira lotada de frutas. Assistir a um filme com o Fran dormindo no meu colo. Lavar os pés depois do dia todo andando descalça pela casa. Massagem da Marina. Massagem da Letícia. Avião que pousa. Celular com 4G. Cama gigante num bom hotel. Banho quente. A Suzi me mandando mais um meme. Descobrir que a gente precisa de muito pouco para ser feliz.

A ausência de expectativas é um mundo de possibilidades.

Viagem ao simples

Apesar de morar longe do mar, gosto de ficar na cidade em janeiro. Tiro férias do trânsito e do estresse coletivo, alimentando a fantasia de que uma parte dos veranistas teria se mudado de vez para a praia. E assim minha ansiedade também tira folga.

Anos atrás, fiz diferente. Abandonei por dez dias a BH que me sorria ideal e fui atrás do meu filho, cuja temporada no interior com os avós me adoecia de saudade. Deixei carro, internet e até o sinal de celular em busca de Francisco, do canto dos pássaros, da piscina térmica e de outras nobres companhias.

Natural que dormir fosse uma das minhas ambições. Contudo, se a calma do campo inebria os sentidos, também desperta a mente. Desacostumada do silêncio – ou do privilégio de distinguir os sons da natureza –, passei a ter insônia. Cochilava de dia e não pregava os olhos à noite, quando um coro de sapos fazia coachar meu pensamento.

De manhã, um beija-flor entrava pela janela do quarto e me sobrevoava por poucos e eternos segundos. Eu achava que era sonho e não queria acordar. À tarde, entre um mergulho e outro, eu dava uma cenoura para o cavalo comer. Ouvir o som do bicho mastigando era como estourar plástico-bolha. Observar vacas foi outro exercício calmante para manter a Guerra só no sobrenome.

Até que me cansei de descansar. A despeito de minhas inabilidades manuais, decidi ajudar meus anfitriões a pintar uma chácara, recém-construída com materiais de demolição. Antes disso, o único trabalho artesanal a que me dedicara na vida foi a datilografia – graças à insistência do meu pai para que eu frequentasse o curso, pelo que sou grata todos os dias.

As pinceladas começaram incertas, mas fui ganhando confiança. Ao final do dia eu já dominava outras técnicas: rolo, pincel grosso, compressor. Tomei para mim a tarefa e não parei até tornar brancas todas as paredes.

Eu deveria ter experimentado antes. Teria economizado milhares de reais em compras por impulso e poupado o meu pulmão dos cigarros tragados nas noites de solidão. Livraria os ouvidos dos amigos das minhas ladainhas, passando a depositá-las no papel, transmutadas.

Enquanto o pincel ia e vinha, o corpo entrou no modo descanso e a mente começou a voar. Liberta de ideias insistentes, voei como no tempo em que a decisão mais difícil era escolher a cor do guache com que colorir o telhado da casinha.

Levei dois dias para concluir a pintura. Longe de ter feito uma obra – aquelas pinceladas é que me fizeram melhor –, produzi paredes brancas e voei por elas, fugindo das minhas cercanias. Descobri do que minhas mãos são capazes. À noite, o corpo padeceu de cansaço e o pensamento se jogou na cama.

Aquelas tardes com a pele respingada de tinta me levaram a um lugar inesperado. Sem templo budista, sem culinária exótica ou cultura distante. Nenhum suvenir na bagagem, nada de fotos de fazer inveja na minha timeline do Instagram. Pintei uma casa de branco e lavei a alma. Foi o melhor jeito de começar o ano.

As pessoas que se vão passam a nos fazer pensar sobre nossas vidas.

Lembram-nos da urgência de amar quem está vivo e perto.

E ensinam que fazer escolhas não precisa ser tão sofrido nem carece do peso da certeza de ser para sempre.

Nenhum de nós é para sempre.

Fotos de viagem

"Sapato virado, a mãe morre." A frase repetida por minha avó fez meu Sol em Leão se mudar para Virgem. Imaginando uma recíproca verdadeira, eu mantinha sapatos e absolutamente tudo terrivelmente organizado. Minha mãe exibia meu armário para as amigas, orgulhosa das roupas em degradê. Não fazia ideia de sua responsabilidade na impecável ordem das coisas.

Eu tinha 22 anos quando o câncer pairou em casa, palavra proibida e sinônimo de sentença. Por dois anos acordei e fui dormir com o revólver da morte apontado para Mamãe. Era preciso talento de atriz para dizer bom-dia sem o hálito de pânico. Talvez eu a tenha matado antes da hora, dentro de mim. Aos 55 ela se foi, e não houve sapato que virasse a história. Perder mãe deveria ser nunca. "Fico te devendo Paris", disse meu pai na despedida. Nosso consolo era saber que seu destino era um lugar sem dor. Obriguei meu luto a descansar também, já que ele estava exausto – tinha começado bem antes.

Não bastasse a ausência, passou a gritar a lembrança daqueles meses de sofrimento. Não admiti aliviar um para começar outro. Tratei de não me dever nada, nem Paris. Chorei sem lágrimas ou soluços, enfiei-me em lojas e enchi de roupas o armário baleado de dor.

Mamãe nem teve tempo de conhecer a internet. Levou com ela o mapa da cidade que lhe ocupava a cabeça e não nos deixou sequer um projeto de GPS. Cambaleantes, cada um de nós levou seu tempo pra achar a saída. Saí pisando firme, sorrindo amarelo, mas viva. Sobrevivente da palavra que quase nos matou a todos.

Um belo dia, 25 anos depois da morte dela, deparo com uma foto nossa, flagrante do cotidiano. Mamãe encara a câmera, eu me escondo adolescente. Ela está feliz, alegria corajosa de quem olha a vida de frente, e vejo nela um humor que julgava meu. Há serenidade naqueles olhos vivos que andei esquecendo. Olho para a foto, lembro-me de alguém que pareço desconhecer, sinto falta de mim, uma sirene toca. É hora de retomar o luto e vivê-lo direito, de onde quer que eu tenha parado. Brinco com a foto, faço outra igual com Francisco (eu no lugar dela, ele no meu) e estamos todos ali: Mamãe, eu, meu filho e essa continuidade.

Inauguro uma temporada de saudade em que o choro está sempre à beira do precipício. Abro a porta de saída para a dor. Tiro o mato da estrada, faço caminho e vou indo. Reviro caixas antigas, revisito cartas e casos, olho fotos como da primeira vez. Choro e rio intenso, agora de um jeito novo. Somos outros. Lembro e celebro minha mãe. Reviro sapatos, até. Dou gargalhadas. E canto, no ritmo da minha saudade. É enorme o que nossos pais deixam em nós.

Não se entregue tanto a ponto de sentir falta de si mesmo.

Parque dos cães e gatos

No século XVI, um filósofo chamado Michel de Montaigne fez muitas reflexões sobre autoestima. Ele começou a estudar os animais e como eles estavam à vontade com seus próprios corpos. Montaigne, ao contrário da maioria dos filósofos, começou a entender que o excesso de consciência em alguns momentos trabalha contra o homem, levando-o a sofrer mais com sua própria condição. A consequência é uma forma mais repressiva e sofrida de lidar com o corpo e com a existência no mundo.

Diferentemente dos renascentistas de sua época, Montaigne não via o homem como o centro do Universo. Estaria mais próximo dos animais e das plantas do que de Deus. Ele acreditava que a racionalidade era empecilho para a felicidade.

Investigador de si mesmo, Montaigne escreveu que os animais podem ser exemplos de vida para os homens, ajudando-nos a lidar com o nosso físico de maneira mais natural. Basta observar um cachorro se espreguiçando ou deitado de barriga pra cima em pleno sol. Não se nota atenção narcísica para alguma eventual "imperfeição". Perfeito, para o bicho, é simplesmente existir. Como brinca o professor Clóvis de Barros Filho, "o gato gateia, o sapo sapeia" e está de bom tamanho. "Um gato não se pergunta sobre a melhor maneira de viver", enquanto o homem não esgota no instinto as suas necessidades. O que o diferencia de outros animais é, dentre outros aspectos, poder aprender com eles. A começar sobre diversidade, esta que nos parece demasiado complexa para nossos cérebros "evoluídos".

Convivi com cães a vida toda. Os gatos ocupavam apenas meus domingos na casa da Vovó, nos quais eu passava a tarde afagando filhotinhos, ciente de que a festa logo acabaria. Eram eles os culpados por nossas crises de asma e, portanto, jamais os teríamos em casa.

Tudo mudou há alguns anos, quando o avô do meu filho nos trouxe de presente um filhote. Ginger é um imponente felino de pelo longo, olhos no tom da pelagem ruiva, postura de absoluta majestade. Adotamos pouco depois a sua companheira, Gisele. *Mignon*, pelagem cinza tigrada com detalhes em branco que lembram as longas luvas dos anos 20. O casal vive nos ensinando. Sua primeira lição: o amor é simples. Quando saio de casa para um trabalho e os vejo abraçadinhos no sofá, tomo consciência de que estou levando uma vida de cão.

Concordo com Montaigne sobre o excesso de racionalidade. Um cérebro "desenvolvido" dificilmente resiste à tentação da arrogância, essa que nos faz querer ganhar uma discussão em lugar de mudar de opinião e ganhar sabedoria. Não é preciso ser um Montaigne para colher dos bichos lições reveladoras sobre as relações humanas. O cão vive de olho em seu dono. Absolutamente fiel, é verdade, mas subserviente além da conta, carente de atenção e refém do ciúme. Sozinho, sente-se solitário. Já o gato aprecia a solitude. Seletivo, basta-se a si mesmo. Você oferece alguma coisa pra ele comer ou brincar, e ele analisa antes de aceitar. Sua etiqueta *blasé* proíbe miados insistentes, pulos ou lambidas em torno do dono. No máximo uma voltinha charmosa, demarcando seu território com discretos feromônios. Se os cães são mestres em dizer sem palavras, os gatos vão além: sabem até não dizer – e dão conta disso. Resta aos donos aprender a lê-los.

Demasiado seguro de si pra bajular alguém, Ginger só abre exceção para Gisele, e é devidamente correspondido. Não finge, não disfarça, não está nem aí para o que penso dele. Quando quer carinho, simplesmente vai até mim e se deita. Vive de bem consigo mesmo e sabe se cuidar. Toma seu banho de gato no seu tempo, passa horas olhando pela janela, lida com minha ausência sem demonstrar desespero. Alonga o corpo, dorme sem culpa e se dedica a isso. E nem se dá ao trabalho de acordar quando chego. Ginger pode até ser meu, mas não age como tal, insinuando que relacionamentos não deveriam se prestar a qualquer tipo de dominação.

Gatos são lições vivas de hedonismo e autorrespeito. Com os meus aprendi a pensar dentro da minha caixa, sem a angústia de sair dela. Valorizo meu tempo comigo. E assim estou mais preparada para, na relação a dois, dar o melhor de mim. Não é à toa que meu namorado é um gato também – nos dois sentidos.

Desencoraje o medo.

Palavras a serem evitadas no Fundo do Poço – e em qualquer outro lugar

Eles são sete. E já andaram mudando de nome ao longo do tempo, entre um papa e outro. Sabe-se lá se continuam sendo pecados ou se a medida deles é que os torna nocivos. Talvez more na dose o verdadeiro delito.

Afinal, um pouquinho de preguiça faz a vida mais gostosa sem fazer mal a ninguém, bem como a gula saudável nos rende uma tarde de domingo jogando a melhor conversa fora com os amigos. Inveja é sentimento humano e passa. Se transformada em objetivo de vida, é pecado. Se domesticada, vira cobiça e, canalizada como estímulo ao trabalho e à disciplina, ganha perdão e vira virtude. Vaidade: recomenda-se uma dose todo dia antes de sair de casa – e nada mais. Ira é pecado quando não assumida: em lugar de transbordar, implodimos, envenenados pelo amargor. Avareza, sim, é pecado. Sensatez e uma certa economia, não. E de luxúria, como de sal, a vida sempre pede uma pitadinha.

São sete os pecados capitais. Mas nos esquecemos de muitos outros que, traiçoeiros, são cometidos contra nós mesmos. E vão comendo pelas beiradas, a nos matar aos poucos, como se nem doesse.

Cuidado com o *nunca* e o *sempre*: andam juntos e à espreita, prontos para se infiltrar numa fala desatenta, entre uma entrelinha e outra. O nunca fecha um portal, o sempre fecha o outro. E é você quem fica dentro da masmorra.

Fique atento a um pecadinho tímido, de nome curto e discreto: o *se*. De que vale a reflexão sobre o que poderia ter sido? Para que divagar sobre algo que não pode ser mudado? Em doses elevadas, o *se* pode virar fantasma, que assombra com o murmúrio maçante da eterna lamentação. Mesmo quando usado para o futuro, o *se* pode ser armadilha. Em meio às elocubrações, são tantas as possibilidades de tudo dar errado, que a chance de dar certo acaba esmagada entre os pensamentos sem rumo. Na tentativa de evitar o pior, elimina-se a possibilidade do melhor.

Tem também os irmãos *mais* e *menos*, pecadores da comparação. E aí somos nós os que não perdoamos: já viu coisa mais chata que a grama do vizinho ser sempre mais verde?

Da junção do mais com o menos surgem os pecados mornos: o *talvez*, o *tanto faz* e outros parentes próximos. São seres vagando sem vida, sem perceber que já se entregaram. Nada decidem, nada arriscam, na tentativa de nada perder. E, por não suportarem as surpresas, abrem mão das melhores delas.

No mesmo fogo brando está o pecado de tentar – verbo esvaziado, que nada realiza e nada consegue, pois vem cheio de dúvida e medo de não conseguir. Está aí um verbo que só funciona no passado, ou destrói o que está por vir. Tentar é filhote do quase, aquele que poderia ter sido, chegou perto e fracassou. Em lugar de tentar, faça. Se não conseguir, aí sim, ao menos tentou.

Outro que parece pequeno, mas tem uma incrível capacidade de crescer: o *eu*. É quando enxergamos a vida sob uma ótica irredutível: a nossa. E esperamos das pessoas que sempre ajam como nós. É como escolher ver o mundo com lentes roxas: tudo fica sombrio e insuportável.

Autopiedade: outro pecado dos mais venenosos. Com pena de si mesmo, o sujeito se permite a inércia, como se o mundo à sua volta é que devesse pagar por não sofrer tanto. E assim o tempo passa. E quando finalmente acorda, o autopiedoso está só, pois todo mundo já seguiu em frente.

De tanto cometer pecados, caímos então em outro deles. Sim, a culpa pode ser um pecado. Tanto a minha quanto a sua. Principalmente quando sou eu quem define as duas. Ostentada como humildade, a culpa é um cachorro que corre atrás do próprio rabo e, pior, vez por outra consegue. E ao mesmo tempo que comemora a captura, uiva de desespero e dor. A minha culpa, minha tão grande culpa, nada mais é do que a vaidade crescendo no meu peito. Quando colocada nos outros, a culpa é a minha falta de caráter, minha impiedosa forma de tentar garantir que nada de mal me aconteça. Na mochila que carrego nas costas, é peso sem serventia. Troco a culpa por responsabilidade – esta, sim, um compromisso, voltada para a frente e sem amarras.

Nas idas e vindas do Fundo do Poço, deixe cair esses pecados da bagagem. Aprenda, palavra que jamais vai ser pecado. E volte mais leve.

Um não para o outro pode ser o sim que falta para si mesmo.

Não, em todas as línguas

Crianças pequenas aprendem a falar a palavra "não" com uma rapidez absurda. O "não" sonoro e redondo costuma ser uma das primeiras palavras do vocabulário do bebê, provando que a convicção é lição básica pra viver. De tanto ouvir a palavra, o bebê começa a devolvê-la sem cerimônia. Com o tempo, de um modo ou de outro, vai entendendo que o mundo à sua volta não está exatamente à sua volta. E terá de aprender a ouvir mais e mais nãos, em lugar de dizê-los. Só que essa inversão acontece rápido demais.

Sem perceber, e num curto espaço de tempo, já estamos virando o não contra nós mesmos. De uma infância dizendo não para os outros, passamos num susto a uma fase adulta em que nuvens de nãos nos ensopam todos os dias. Dizemos não para nós mesmos em consecutivos sins para os outros – não exatamente os mais dispostos e sinceros. E vamos engolindo indigestos comprimidos diários, com a desculpa de evitar problemas no futuro. Dizemos não a cada almoço corrido, uma negativa curta e grossa ao prazer. É um não cada novo cigarro aceso depois da velha decisão de parar. Parcelar no cartão é o não para o sonho de abandonar o emprego. Silêncio, o não tímido. "Vou pensar", o não deixado para depois. Rotina, pressa, trabalho, sono, um não fácil e mais um dia sem ginástica. Seguimos com os nãos em efeito dominó. Dizemos não pra vida e sim ao dinheiro, à utilidade, à obrigação.

Para nós, mulheres, a situação é ainda mais grave. Fomos educadas para o sim. O sim do cuidado, da doação, da concessão. O sim de quem espera ser escolhida. O sim da mãe zelosa, que não pode falhar porque não suporta ser nada menos do que a melhor mãe do mundo. Sins parecem moldar o nosso valor para o mundo. Nãos são muito arriscados. Trazem rimas indigestas como rejeição e solidão. E assim vamos dizendo não para nós mesmas, em consecutivos sins para os outros: filho, emprego, cônjuge, família, expectativas. Muralhas de sins se metamorfoseiam contra nós em nãos robustos, alienando-nos do mundo e de nós mesmas. E vamos, supostamente, nos encaixando. Como quem entra no banco de trás do carro, bem apertadinha, e passa a viagem rezando pra chegar logo, sofrendo com uma dor no pescoço. É preciso balançar esse pescoço vigorosamente para um lado e para outro. Positivamente, não. Não sou perfeita. Não posso estar em todos os lugares, não dou conta de todas as coisas e, por mais multitarefas que eu possa ser, sou humana. É preciso dizer não, com todas as letras.

O lugar da tristeza parece ser mais um NÃO a nos acenar em letras garrafais. O não do controle. O não da frustração. O não do resto do mundo para uma dor que é só sua, de mais ninguém. Com um pouco mais de tempo e o olhar mais atento, você percebe que o Fundo do Poço pode ser a sua grande chance de aprender a dizer não. Frente a frente com a sua dor, você compreende que muitos nãos para si podem ter feito parte do caminho. E agora, tendo pouco ou nada a perder, você descobre que não existe o momento ideal para merecer um sim. Pode ser tarde demais.

Sim, acordar pra caminhar. E ver o sol. Fazer aquela viagem. Tomar café com o filho, rolar no chão, fazer concurso de cócegas. Deixar o telefone tocar, nem pensar em ligar o computador agora, dizer não àquele cara chato. Cada não para o outro, um sim para si. Sim, sim, sim.

Escolher uma coisa é deixar
de escolher todas as outras.

Labirinto das caixas

Sou a louca das caixinhas. Tenho de diversos tipos, adoro quando descubro novos modelos e raramente me desfaço de alguma. Minhas caixas já entram em casa com planos de carreira: de tempos em tempos migram para outra prateleira, armário ou cômodo, ganhando novas funções. E assim organizo a casa e a vida, separando objetos e assuntos em categorias distintas.

Se para você isso remete a uma rotina militar, pode ser que esteja dando às caixinhas um uso equivocado: elas servem para guardar objetos, e não pessoas. Minha necessidade de ordenar o entorno serve para dar espaço às desordens essenciais: música alta enquanto lavo a louça, a bagunça dos gatos na sala, um convite inesperado pra jantar. Organizo minha vida em caixas, mas me recuso a entrar nelas. Embora eu saiba que o mundo insiste em tentar fazer isso com a gente.

A caixa dos bem-sucedidos, a caixa dos fracassados. Dos gordos, dos magros, dos homens, das mulheres. Dos homo e heteroafetivos, de esquerda e de direita, de negros e brancos. O mundo reserva a mesma caixa para quem tem tatuagem, piercing ou alargador. Outra para os esportistas, outra diferente para os sedentários. Velhos de um lado, jovens do outro. Veganos acima, carnívoros abaixo. Como se não pudéssemos ser muitas dessas coisas ao mesmo tempo, muitas delas aparentemente contraditórias. O mundo insiste em nos catalogar porque assim fica mais fácil – para o mundo, não para nós. Mas eu não sou catalogável. Nem você. E em que caixa mantemos aqueles que vivem nos enfiando em caixas?

Erro maior do que esse é quando nós mesmos tentamos entrar em caixinhas. Em nome de um grupo ao qual acredito pertencer, empobreço minhas diferenças, escondo minhas peculiaridades e não mais me reconheço. Encolho vontades, respondo chamados que não são para mim. E me vejo de modo tão limitado que perco o melhor de mim, a minha lista de incoerências bem combinadas.

É impossível colocar as pessoas em caixas porque elas são bem mais do que supomos. Conheço mulheres tatuadas, cheias de filhos e casadas há décadas. Conheço evangélicos gays, roqueiros que adoram sertanejo, mal-humorados crônicos que também são bobos de plantão. Encaixotar afetos e pessoas é perder o melhor delas. Da mesma forma, tentar enquadrar-se em determinados perfis é recursar-se o presente do autoconhecimento.

Para corroborar a lógica das caixinhas, divido o mundo entre o bem e o mal, o preto e o branco. Perco os meios-tons. Ler o jornal, um livro ou um post não deveria servir para perpetuar o encaixotamento, e sim para desconstruir, confrontar, ativar o fermento que faz crescer e sair da casca.

Fã de uma caixinha, como eu, a japonesa Marie Kondo criou um método de organização que prioriza o descarte. Ela nos orienta a fazer a eleição, não das peças a serem descartadas, mas das que ficarão. A pergunta que se deve fazer é "Isso me faz feliz?". Sua filosofia simbólica e transformadora pode ser estendida à vida. É bem-vinda essa revisão periódica de carreira, amigos, relações afetivas, crenças e outras escolhas. O que vale manter, o que pede desapego?

Descartar as formas limitadas de ver as coisas é demolir esse enquadramento imaginário que esconde o que sai do controle. É compreender que ser gente é incomparável e assumir de vez sua humanidade – inteira e falível. A vida é boa demais pra ser vivida em pedaços.

A vida é muito perigosa.

Vai que acontece justamente aquilo que você sempre sonhou.

Imprevistos de viagem

Meu amigo se mudou pro sul da Bahia. Um lugar bem mais bonito do que o Fundo do Poço, claro. Mas ele também precisou deixar muitas coisas para trás antes de ir. Abriu mão do salário, vendeu um bocado de coisas e foi com a mulher e as filhas morar na Península de Maraú. Daquelas histórias que você ouve sem acreditar e com uma pontinha de inveja (que logo vira torcida e aplauso). Ninguém me contou, eu mesma fui à despedida, brindei com eles à decisão disfarçada de loucura. Um baita sinal de sanidade, isso sim. Sempre achei o Fred muito lúcido.

A ideia era tirar um ano sabático, longe da rotina estressante das agências de publicidade. O plano deu certo – e frutos. Ainda não tive tempo para visitá-los em Barra Grande, mas o mundo conectado chega fácil até lá. Só o estresse não resiste à viagem. Depois de anos no ritmo do trânsito e das grandes campanhas publicitárias, Fred ajustou o relógio: ele agora esculpe talheres de madeira.

Não que a artesania estivesse em seus planos. Tudo começou quando ele achou um galho caído perto de casa. O formato de uma das pontas lembrava uma colher e ele pensou em transformar o pedaço de madeira numa colher de verdade.

Conseguiu – e o que não se consegue depois de uma virada dessas? Passou então a aproveitar cada pedacinho de pau que encontrava pelo chão ou descartado em marcenarias. Raridades largadas ao relento ganham vida nas mãos dele, assim como o gosto por conhecer diferentes tipos de madeiras e testar seus limites. Cedro, roxinho, jaqueira, cumaru, sucupira.

Sem usar tinta e sem cortar um galho sequer, Fred forja colheres, facas, espátulas e até petisqueiras nas cores mais vivas da madeira. O resultado mostra que o nobre e o simples são vizinhos e moram ali, de frente para a praia. O segredo mora no tempo.

Arte e natureza não costumam ter pressa, por isso são mestres em esculpir pessoas. O famoso cenário da preguiça mostrou todo o seu valor: ao ver uma peça do Fred Gontijo, finalmente compreendemos do que o ócio criativo é capaz. Meu amigo saiu de Minas pra nascer de novo na Bahia – dessa vez, escultor. Lapidado pelo litoral baiano, pariu sua arte de transformar descarte em afeto.

Quem acompanha sua página no Instagram (@11.brasil) tem a sorte de ver as peças e também o seu diálogo com elas – no ritmo que as coisas devem ter.

> *Tem madeira que topa qualquer maluquice. Quer fazer uma curva fechada, ela topa. Quer tentar uma forma diferente, ela topa. É tipo aqueles amigos da adolescência. O cumaru, não. É difícil convencê-lo de que você está tentando dar um futuro melhor pra ele. Madeirinha dura pra caramba, sempre que vejo um*

pedaço jogado no chão, penso duas vezes [...], só pra não gastar mais as mãos. [...] Tenta cortar esse trem com faca, vai. O engraçado é que, quando está quase acabando de dar a forma de colher, ele se rende. É incrível, mas parece que ele dá uma ajudinha e, depois de entender minha intenção, se torna uma belezura pra lixar. Com a peça pronta, dá um orgulhinho, sensação de batalha vencida, só que nem pensar em fazer dois cumarus seguidos de novo. Não mesmo (preciso me lembrar disso). Ô, cumaru, falar uma coisa pra você: você tem o meu respeito, cara.

Logo se vê que Fred faz poesia, além de artes plásticas. Quem diria que ele só precisava de uma Bahia em volta para se encontrar. Fred tinha tempo, desapego e a decisão de transformar sua rotina. Quem convive com ele sabe que a mudança também trouxe perdas, medo, dúvidas, aqueles bons e velhos companheiros de viagem. O ano sabático que estava nos seus planos não foi um ano sabático: em pouco tempo ele se tornou escultor de colheres e, mesmo realizado, confronta um cansaço físico no lugar do descanso almejado. De uma coisa, ninguém duvida: Fred e a família estão muito felizes. Felizes porque as coisas não aconteceram da forma como planejaram. Foi muito, muito melhor.

Viajar para o Fundo do Poço também pode ser melhor do que você imagina. O lugar da tristeza também pode até se tornar um período sabático, se você der espaço para isso. Tome a minha história como exemplo: se eu não tivesse deparado com a perda, teria planejado um ano sabático? Provavelmente não. Mas o que vivi foi absolutamente transformador. E me ensinou que, sim, períodos sabáticos podem ser possíveis, assim como as transformações decorrentes dele. Só precisamos deixar um espaço para as surpresas que a vida nos reserva.

Já que não posso mudar os fatos,
mudo minha forma de lidar com eles.

Ritual das taças

Herdei dos meus pais um conjunto de taças de champanhe azuis de cristal, daquelas bem rasas. Beber nelas é como carregar água na peneira: se você perde a compostura, o líquido transborda. Nas fotos do casamento civil, nos anos 1960, eles brindam com taças semelhantes, e me agrada o sabor das imagens em preto e branco. Mas não me lembro de ter visto meus pais brindando em casa com as taças. Elas viveram em quarentena no armário, até meus vinte e poucos anos.

Eles se foram, as taças ficaram. Coube à minha cristaleira guardá-las na orfandade (minha ou delas?). Estreamos num dos almoços que o pai do meu filho adorava preparar. Em casa, enquanto ele passava sábados inteiros cozinhando para os amigos, eu me encarregava do arroz branco. Mas vinha dele o requinte: servia os pratos um a um, usando uma das taças pra deixar o arroz em formato de concha, que estampava com delicadas sementes de papoula. Cada convidado tomava nas mãos um esboço de Niemeyer.

Preenchendo os dias com deliciosas inutilidades, ele sabia tornar eternos os momentos ternos. No primeiro café da manhã que me serviu, as torradas vinham cortadas em lascas, dispostas no prato como fogueira prestes a ser acesa. Sua partida precoce deixou como lição a sabedoria de manter a chama nos dias comuns.

Nos caminhos misteriosos da genética, meu filho tomou gosto pela gastronomia. Repete o pai com maestria, acrescentando uma boa pitada de si mesmo. Assisto a cenas que parecem lembranças. Outro dia, quando ele preparava um peixe para levar ao forno, flagrei o capricho dos seus dedos posicionando os tomates abaixo das postas, com uma paciência que ele não costuma ter na vida.

Minha amiga Dri gosta de me receber em casa em raras tardes de café com bolo, geleia caseira e queijo mineiro. São raras porque costuma me faltar tempo, pois teriam o mesmo gosto se fossem semanais. Toalha de linho bordada, porcelana inglesa e mesa posta de mãe para filha. Sempre foi assim.

Me admiro com essas molduras da vida. Sempre fui organizada, mas raramente adepta de caprichos. Esse tempo todo em casa durante a pandemia apurou meus sentidos de viver. Meu velho amor pelas caixas, herdado da mãe da minha mãe, atravessou até outro galho da árvore genealógica. Passei uma tarde de terça-feira recortando imagens em revistas de moda pra redecorar velhas caixas. Garimpei em mim a arte escondida que meu bisavô teria proibido à minha outra avó. Bordada por antepassados, me vi indecisa entre o pragmatismo e o sonho, que não pretendem mais viver separados.

Em tempos de raro oxigênio, bordar a vida é ioga. A tarde pede pausa e respiro, o café pede xícara rebuscada, o prato merece porcelana branca para as cinco cores que virão. Viver deixou de ser trivial, virou ritual.

Do meu velho autorretrato, "mulher equilibrando pratos com varas", faço cena em movimento. Aposento os pratos um a um sobre a mesa vestida de renda, distribuo as taças de cristal e coloco a família em torno. É hora do chá.

Quem se encontra nunca está sozinho.

Rua Solitude

Cedo aprendi a estar a sós comigo, a inventar brincadeiras e gostar da minha própria voz. Foi nesse tempo todo comigo mesma que deparei com algumas fitas cassete de Paul Mauriat encostadas num canto da sala da casa da minha avó. Foi o orquestrador quem me apresentou as melodias dos Beatles, inauguradas num velho gravador que veio a ser meu companheiro por meses a fio. No mesmo aparelho, registrei minhas primeiras palavras em uma língua imaginária que eu jurava ser inglês, levando às gargalhadas boa parte da família.

Na adolescência, a brincadeira deu lugar à observação. Calada e quieta, arranjava um cantinho na sala para assistir aos filmes que meu irmão mais velho emprestava do Vídeo Clube do Brasil. Foi assim que Woody Allen entrou na minha vida. Em minha memória, encontro também flashes de cenas do enigmático *Laranja mecânica*, que não entendi, mas guardei. Sozinha, fazia incursões pela biblioteca dos meus irmãos. Um deles estudava psicologia e talvez não saiba que dividiu comigo alguns dos seus livros, em favor dos quais deixei de ler muitos outros. Queria arranjar um jeito de me relacionar melhor com o mundo.

Mais adiante, aos 27, fui morar sozinha, feliz e orgulhosa do meu canto. Música alta, muitas experiências na cozinha e a convicção de não querer me casar. E a liberdade de dormir com o namorado sem enfrentar a cara feia do meu pai. E decidir de que cor pintar a parede. E deixar um quarto que eu encontraria do mesmo jeito ao voltar para casa à noite. E escolher a marca do molho de tomate. E guardar um vidro de palmito na geladeira sabendo que ninguém iria roubar um. E chamar eu mesma o bombeiro. E ser extorquida pelo eletricista na instalação do chuveiro. E chorar sozinha quando tudo dava errado. E fazer exercícios de canto na hora do banho, sem me importar com os agudos. E dormir na sala com o som ligado. Mas o prazer da solitude teve seu prazo. Para minha surpresa, tive vontade de me casar. O que não é necessariamente deixar de ser só.

Separada, novo apartamento, vem e vai o Gui, vem Francisco. O tempo passa e novos amores provam que a vida é bonita de se fazer de novo. Mas o prazer de estar comigo nunca me deixa. Ao voltar para casa à noite depois de um dia de trabalho, encontro o filho dormindo, casa em silêncio. Noite perfeita pra ligar o som, escrever e cozinhar alguma coisa. Especialmente para mim. Ou curtir a pausa escura da noite, tempo em que pensamentos novos se apresentam.

Tenho minhas idiossincrasias, mas gosto de estar comigo. Mesmo porque vou viver comigo a vida toda. Me arrisco a dizer que, sim, eu me pediria em casamento. Desde que, claro, houvesse a chance de tirar férias de mim de vez em quando. Talvez seja este o sonho impossível: vez ou outra poder ficar despidos de nós por um instante. Mesmo que só por um instantinho.

Tem gente que tem tanto medo da dor que prefere viver anestesiado.

Porcelanas *kintsugi*

Há cerca de cinco séculos, no Japão, uma tigela de cerâmica se quebrou. Para agradar seu dono, um nobre muito apegado ao objeto, alguém teve a ideia de colar aqueles fragmentos usando um verniz polvilhado com ouro. A manobra devolveu a forma original da tigela e a enriqueceu com cicatrizes douradas. Nascia assim o *kintsugi*, uma técnica artesanal também conhecida como carpintaria de ouro. As peças tratadas com o método exibem as feridas do passado e se tornam únicas, chegando a ser mais apreciadas do que antes de se quebrarem. A filosofia do *kintsugi* evoca o valor das cicatrizes em nossa história. Metáfora da importância do amor-próprio e da resiliência, é lição necessária nesses tempos de busca incessante pela perfeição e também pela rapidez. O processo de secagem é o fator determinante pra garantir a coesão e a durabilidade. A resina demora semanas ou até meses para secar. Há que se respeitar o tempo da cola dourada até que a porcelana "cicatrize" para se tornar, assim, obra de arte. Como a história de cada um de nós.

Penso nisso enquanto me tatuo mais uma vez. O desenho escolhido é uma rosa envolta por rica folhagem, que se deita sobre o peito do pé direito, sobe pelo tornozelo e ocupa um pedaço da canela. A máquina de tatuar de Caio é moderna e trabalha em silêncio. Já os nervos do meu pé estão prestes a organizar um barulhento motim, tramando usar a tinta para um cartaz de protesto em letras garrafais. Caio capricha no contorno enquanto eu me contorço de dor. Os reflexos automáticos das terminações nervosas o obrigam a se debruçar sobre meu pé, para evitar o movimento involuntário que colocará o desenho em risco.

Se nossas cicatrizes não são propriamente escolhidas, mas definem muito do que somos, tatuagens são as marcas que escolhemos ter. Faço do meu corpo tela em branco, mesmo que já amarelada. Interessa-me o prazer em escolher, sofrer o processo e apreciar cada desenho que, curiosamente, pede um tempo próprio para finalmente fazer parte de mim. Tatuagens são a minha resposta bem-humorada para a transitoriedade da vida. Quando alguém pergunta "E quando você ficar velha?", o termo "ficar" me chama atenção. A vida é tudo, menos ficar. Estou envelhecendo e escolhi fazê-lo da maneira mais bonita.

Sou um quadro inacabado e já exposto na galeria. Sigo me transformando e ganhando cores, sem pressa ou pretensão de ser obra pronta. Sou o gerúndio de uma biografia. Em minhas tatuagens, a metáfora de uma vida em construção. Vou desenhando, imprimindo novos traços e aprendendo. Sempre.

Sei pouco, sinto muito.

Loja de miniaturas

Sonhei um sonho comprido que não me deixava acordar. Haveria uma reunião de amigos com a proposta de nos presentearmos, e eu estava no compartimento secreto de uma loja, diante de uma infinidade de objetos diferenciados e pequenos. Cada pequeno objeto que eu descobria me suscitava a ideia de presentear uma pessoa diferente. Eu não escolhia pelo presenteado, mas pelo presente. Não os queria para mim, era sempre para alguém.

Lembro-me de uma girafa pequena e delicada, de um gatinho divertido com um design não realista. Cada imagem em miniatura me despertava uma emoção diferente e me lembrava alguém. Eu tomava um objeto nas mãos e chorava, ou dava gargalhadas como se seu design fosse um comentário irônico. Gulosa, eu queria reservar muitos deles e os juntava num canto da loja enquanto ia escolher outras coisas. Na volta eu me perdia e não sabia onde os havia colocado. Na busca pelos achados de antes eu me distraía no encantamento por outro. Tudo era envolvente e poético naquele mundo de objetos pequeninos, e eu não conseguia me ater a apenas um.

Fiquei ali por horas, perdida na degustação de sentimentos que as miniaturas despertavam em mim. Quando consegui finalmente escolher algumas (e para fazer escolhas é preciso perder), passar no caixa se mostrou o novo desafio: ali outro arsenal de surpresas descortinava outras sessões de alumbramento.

A soma do caixa deu um valor irrisório. Pequenos, delicados e recheados de detalhes, os objetos custavam o mínimo. Estavam ao alcance.

Era quase meio-dia quando despertei do sonho, graças à persistência do meu despertador. Eu não queria sair daquele lugar onde sentia tudo intensamente, passeava por sensações humanas que me lembravam o gosto da vida. Tudo ali tinha poesia, como numa das minhas lojas preferidas de Belo Horizonte, a Patrícia de Deus – um pequeno corredor de objetos e papelaria onde cada peça foi meticulosamente eleita pela Patrícia, sabedora do que a beleza é capaz de provocar em nós.

Estou certa de que o próprio sonho foi um presente, um recado. A lente macro sobre uma flor minúscula nos mostra infinitos detalhes daquela planta e nos dá outra visão das coisas, revelando nossa pequenez, grandiosa insignificância, para nos dizer a verdade gritante: precisamos ajustar nossas dimensões.

Cabe agora a sabedoria de colocar uma lente de aumento nas coisas pequeninas, aquelas que parecem inofensivas e pouco eficazes. Sentar-se em frente à janela com um copo de água gelada e observar o movimento da rua. Ligar para um amigo. Fazer um elogio. Ter esperança. Se o caos domina o entorno, é tempo do cultivo dos detalhes. Mora no mínimo o que está carregado de sentido. O presente. O pequeno.

Não podemos guardar os momentos, eles nos escapam das mãos. O presente é para ser vivido já, e com entrega. Viver é a única garantia de que a vida não escape. Vínhamos adiando o verbo viver para algum momento mais apropriado, até o provisório se mostrar definitivo. Como se, depois de muita espera, o público finalmente percebesse que o espetáculo está ali mesmo, na plateia. Nada acontece no palco há meses, a plateia é o próprio show.

Que número vamos apresentar agora?

Morrer uma vez.
Deixar que a dor
te mate pra depois
nascer de novo.

Taí uma coisa
importante na vida.

Morrer muitas vezes

"Tenho sangrado demais, tenho chorado pra cachorro. Ano passado eu morri, mas esse ano eu não morro." Os versos que Belchior canta em "Sujeito de sorte" me fazem lembrar quantas vezes já morri nesta vida. Sim, é verdade. Nascemos e morremos repetidas vezes ao longo da nossa trajetória. Ressurgimos renovados com o que pensávamos impossível.

Sinto-me assim a cada sessão de choro, dessas que viram história pra contar, como no dia em que perdi o voo por um atraso de cinco minutos. Chorei muito mais do que a viagem cancelada ou o gasto pra remarcar o voo: chorei uma fila de motivos. Com as lágrimas velei a mim mesma e me despedi de quem eu era antes, um tempo de água e soluços pra lavar e voltar nova.

Chorar é o meu ritual periódico de renascimento, transição necessária para me habituar à morte de mais uma de mim. Morro, mas fico como aprendizado. Talvez eu não descarte a carcaça, ela passa a me incorporar, mas se torna impermeável para que eu possa absorver outras de mim – e do mundo.

Em setembro de 2020, quando acordei surda de um ouvido, vivi a morte súbita da Cris que era capaz de ouvir até mesmo duas conversas paralelas, sem deixar escapar nenhum detalhe de uma ou de outra. Meu ouvido morreu dormindo. Tive medo de ser verdade e, por algum tempo, imaginei que pudesse recuperar a audição. Era absurdo demais adormecer ouvindo perfeitamente e acordar com o silêncio ao lado. Enquanto eu fazia consultas e exames, ia me acostumando à ideia da irreversibilidade. Depois veio o zumbido, esse grito interno que me lembra a ausência do som em torno. Não me apego mais a essa perda. Deixaria de enxergar muitas coisas se continuasse ouvindo perfeitamente – uma delas: minha onipresença é mais que desnecessária, é nociva. Não preciso nem posso ouvir tudo, é urgente abdicar desse lugar de controle.

Morro, renasço, jamais a mesma. Torno-me outra, sempre. Somos muitas vidas numa só, até que venha a derradeira morte – ela, sim, definitiva (note bem a etimologia: finitiva).

Empenhamos a vida em busca da palavra, fugindo do provisório, odiando os gerúndios. Vista definitiva, casa definitiva, solução definitiva. Tão difícil notar e aceitar que a única condição verdadeiramente definitiva é a que estamos sempre evitando.

A morte é simples. É ou não é. Não tem nuances, não deixa dúvidas. Viver é um treino para essa simplicidade. Para uma vida plena é preciso entregar-se a cada morte que nos acomete. Tentar evitá-la é "sobrevida", uma tentativa desastrada de não viver. Não há morte no que não está vivo, nem mesmo renascimento do que não se deixar morrer.

CASA MAL ASSOMBRADA

Tome cuidado com o medo. É dele que se deve ter medo. Tudo há para temer, até mesmo o que não tem chance de acontecer. Medo é para nos dar medida, não para tapar a vista. Não para nos fazer fincar o pé em plena estrada ensolarada, onde também há de chover. Medo é para seguir adiante dele.

Ilha solteira

Dizem que do amor só se pode fazer a autópsia, nunca a biópsia. Identificar a *causa mortis* pede distanciamento para enxergar de fora, e só se enxerga de fora quando o amor já esfriou. Talvez a única forma de aprender a amar seja amando, já que ele é matéria que não se ensina na escola. Mas deveria.

Seguimos fazendo uma autópsia atrás da outra na esperança de aprender para mudar em nós o que parece nocivo. Mas aí muda o objeto do amor, que revela outros traços dignos de análise. O amor não é para amadores.

De tanto amar eu me tornei perita em compreender os fins, embora o grande desafio continue sendo a ciência de manter vivo e saudável o amor de todo dia, capaz de tantos erros e principalmente de apontar os holofotes para os nossos.

Perdi as contas de quantas dores de amor já vivi. Eu tinha tanto medo da rejeição que já começava a amar me despedindo. Antes de ser amor já era luto. Cresci acreditando que a dor era a medida do amor. E que dor insuportável. Não aprendi a gostar de ser só. Persegui, desde muito cedo e veementemente, a meta de ser a escolha de alguém. Focava o outro e não a mim mesma. Custava a me atentar se aquela era de fato a minha escolha e me via metamorfoseada em metades de naturezas estranhas à minha, sem compreender o inteiro de que era feita. Engolia quereres alheios e não sabia diferenciar quais eram os meus.

Me ensinaram que o amor é um golpe de sorte. Minhas relações começavam do auge, como um salto de *bungee jump*. Eu saltava amor-perfeito e chegava lá embaixo um cacto, repleto de espinhos. Repeti essa lógica até alguns anos atrás, quando comecei a construir um relacionamento desde o alicerce. Foi difícil aprender a linguagem da serenidade e da paz. A busca só cessou quando me compreendi íntegra, ou melhor, cheia de vazios que ninguém será capaz de preencher. Eu não via a mim mesma, só via o outro, idealizado.

Amar é um grande risco. O amor pode acabar. A morte pode tornar tudo impossível. Pode vir o fim do amor ou de quem amamos. Ou pode ser do nosso amor o fim, e continua sendo um luto.

A morte do amor, e não de quem amamos, tem um lado sombrio disfarçado de esperança. É uma morte não palpável, impossível de ser detectada pela falta de batimentos cardíacos. O coração segue batendo, embora não mais com as mesmas motivações. O outro coração é que parece parar diante dessa mudança inesperada de rumos. E se o outro continua respirando, dentro dele poderá despertar de novo o amor, é o que imagina a parte que não tomou a decisão. E assim o luto não começa. A dor de receber a notícia acorda no dia seguinte com a esperança de que o outro tenha mudado de ideia. A morte do amor parece reversível, há como ressuscitá-la, é o que preferimos imaginar.

Queremos medir o pulso do amor do outro e reanimá-lo, muitas vezes em vão.

Nesse caso, é preciso tomar a decisão do luto. E é um luto cruel porque o outro segue vivendo. Eu é que preciso aprender a viver sem o outro, correndo o risco de ver o amor dele vivo e forte por outra pessoa. Por outro lado, fazer o luto do amor não vai matá-lo ainda mais, pelo contrário. Aí é que está. Assumir o luto de um amor marca o início de um tempo perigoso, para o qual há que se ligar o alerta.

Os fins costumam ser muito sedutores, colocam sobre o amor um véu rendado que faz os olhos parecerem sempre marejados. Renasce a insegurança e, com ela, uma aura de encantamento veste o outro para cada nova visão pela fresta da distância. De longe, avistamos o outro do começo, o outro interessante, o outro digno de admiração. Lustramos a realidade para que ela brilhe como nova, apagamos da memória pragas rogadas, decisões previamente tomadas. E a distância coloca no amor um terno novo, veste a saudade de festa, cola cílios postiços nos olhos que já se fechavam. Fins têm a habilidade de pintar um retrato idealizado daquele amor, um quadro que se contempla em meio às alucinações da dor. Ama-se o amor impossível para fazer frente à crueza do seu não.

A morte do amor tem o diagnóstico mais difícil do mundo. Não é um laudo de um dia para o outro. Pior, nem sempre quem toma a decisão quer se comprometer com a ruptura. E até quem ama com esse amor moribundo passa a se confundir.

Quem será capaz de emitir o definitivo atestado de óbito?

Talvez só o tempo, esse perito. O perigo é que, enquanto isso, o luto não começa. Quem não enterra o amor fica ele mesmo atolado na dúvida. O perfume do amor impossível inebria e confunde. Já não sei se amo o amor ou a dor que vem dele, o que ele já foi ou a sua possibilidade de voltar a ser. E nessas horas o recomeço pode virar um vício porque traz de volta a adrenalina das primeiras vezes.

Se o luto físico parece intransponível, o luto de uma morte simbólica está longe de ser fácil. Nenhum luto é. Conheço os dois e não sei dizer qual deles dói mais porque não se medem, são dores diferentes. Dores doídas e demoradas, é preciso que se diga.

Eu me lembro de amores que acabavam sem que eu soubesse por quê. De cartas quilométricas escritas a mão com o sangue de um coração em pedaços. Muitas delas faziam voltar os amores, até que novos desfechos se anunciassem. Ainda trago no rosto a marca de choros intermináveis que me constituem. Mas de cada amor derramado ficava uma certeza: eu havia feito de tudo. Fiz pós-graduação em rupturas e lutos abstratos. Tornei-me perita não em ressuscitar o amor, mas em mim mesma. Aprendi a amar os meus vazios.

Eu ainda não sei dizer o que é o amor, mas sei bem o que ele não é. E ele não é um nó. Está mais para um laço que se refaz todo dia, graciosamente, mas um dia pode se soltar, delicadamente, liberando as pontas para novos encontros. E não precisa ser tão sofrido desfazer o laço. Pode ser triste, mas delicado. Desfazer um nó dói muito mais.

A vida a dois é feita mais de cumplicidade do que de sorte, mais de decisão do que de estrelas. E não adianta amar com medo da dor porque amar é um risco tremendo, ou não é amar. Tem gente que ama anestesiado, um amor desastrado que tenta evitar o sofrimento. Não sentir parece ser mais importante do que o próprio amor. Não é amor.

O amor nos pede a escolha: ser do tamanho do medo ou da coragem. Coragem de confrontar o amor maduro, aquele que começa quando os disfarces caem e os dois ficam nus. O outro deixa de ser só o reflexo dos meus desejos e eu sou capaz de aceitá-lo assim, do jeito que ele é, tão diferente das minhas expectativas. E para isso também é preciso trilhar a estrada do luto. Amar o outro é amar seus claros e escuros. Não é fácil tê-lo como espelho, mostrando as suas imperfeições. Mas cabe ao amor insistir. O melhor lugar da relação é de difícil acesso, mas a vista vale o esforço.

Fui me exercitando, embora nem sempre em tempo, nas escolas informais da paixão. Meus parceiros foram meus professores. Depois de muitos amores em coma, começos e fins, compreendi que me cabe fazer o que só depende de mim: amar com o meu amor mais bonito. E disposto. E o amor com que amei o primeiro permanece em mim, mais forte para o último.

Sempre segui adiante tendo minha paz lado a lado, e por ela fui me apaixonando, não sei mais viver sem ela. Paixão é bom, amor é lindo. Já a serenidade é como o ar. E a minha sempre veio. O que é do outro não me cabe – sua maturação ou seus enganos, selados pela falta que vou fazer ou pelos aprendizados que finalmente as paredes silenciosas se encarregarão de escrever. O tempo nunca me faltou, com sua cura e seu alívio, cuja presença era percebida a um determinado momento, sempre seguida de uma surpresa: "E não é que não dói mais?"

Se cedo ou tarde a paz vem me fazer companhia, é porque antes veio a coragem de amar com o meu amor mais bonito, com o melhor amor que houvesse em mim. E isso sempre me bastou. Nunca deixei para trás uma palavra não dita ou um amor não amado. É puro oxigênio a sensação de ter feito tudo o que estava ao meu alcance.

É quando não procuro que finalmente acho.
É quando eu esqueço que acontece.
A vida é criança, brinca de distrair a gente,
tapa meu olho e pergunta quem é.

Leve pra casa um souvenir de matrioska

Fora de si. Não há expressão mais adequada para falar de alguém cuja alma parece estar em desalinho com o corpo. Vejo a roupa como uma espécie de alma, uma moradia do corpo. Por isso, sagrada. A forma de vestir revela o conforto – ou desconforto – de uma pessoa em sua própria pele. Há os que moram fora de si. Que não se sentem à vontade sendo quem são. O incômodo se revela em sua forma de vestir e, olhando mais de perto, também em sua forma de morar.

As escolhas particulares para vestir e morar são verdadeiros inventários da autoestima. A roupa é a nossa primeira casa, que nos protege, agasalha, conforta. Noutra casa maior ainda, feita para morar, assentam-se corpo, alma, roupa, mundo. Ali, os objetos que amamos – ou que nos falam de quem amamos. Ali, as cores que nos alegram, as formas que nos abraçam, os espaços por onde entram novos mundos. Ali, a luz que nos amanhece, os cantos para os quais fugimos.

Casa é o entorno que me faz carinho. O reflexo de como eu me trato. Gostar da minha casa é gostar de estar em mim. Morar em mim. Minha casa não precisa ser grande pra me fazer feliz (abraços apertados costumam ser os melhores). Minha casa só precisa saber de mim. Dar-me boas-vindas, mostrar-se feliz em me ver. Uma casa que me sorri sabe que tudo está em seu devido lugar: alma, corpo, coração, vontade.

E se essa narrativa for uma foto, ampliando ou reduzindo a "imagem", o significado é o mesmo. A alma mora no corpo que mora na roupa que mora na casa que mora na rua, bairro, cidade, país, mundo.

Almas em desalinho com o corpo estão em desarmonia com todo o resto. Esse estar confortável em si mesmo, como quem acha posição gostosa pra dormir, é um aprendizado particular. Não há como aprender com o outro a ficar satisfeito com os próprios caminhos.

Abra os olhos e passe a observar: tem alma que está em seu ninho, tem alma que não. Vagam por aí ouvidos que não escutam, olhos que não enxergam, corações que batem sem saber amar. Ânimos que vagam fora de si. Mas não há como alguém encontrar o caminho de volta em nosso lugar. Essa é uma estrada que temos de trilhar com os próprios pés, ninguém pode nos carregar.

Dinheiro nunca foi problema pra mim. Só solução.

Casa de câmbio

Aprendi com meu pai que tudo o que deveria fazer na vida profissional era arranjar um emprego de carteira assinada. A palavra salário estava na minha lista de necessidades básicas, lado a lado com a palavra marido. Ao marido eu me permiti imaginar alternativas. Já o salário, incorporei muito cedo à rotina. Cavei um emprego fixo ainda na faculdade e assim segui por muitos anos, crescendo nos limites do possível.

Assalariada e obediente, subi a escadinha, degrau a degrau, resignada e certa de não haver outro caminho. Com muito esforço e sacrifício, porque – como me ensinaram – é assim que se faz jus ao contracheque. Ganhar dinheiro, dinheiro mesmo? Isso é coisa para os privilegiados, e entre eles eu não me incluía. Do meu lugar na arquibancada, assisti à riqueza dos outros como quem vê novela. A cada vez que eu questionava as amarras de estar empregada, me vencia a crença de não ser capaz de ir além. Era como estar numa espécie de gaiola aberta, da qual eu não saía por haver ali um prato de alpiste.

Até que um acontecimento alheio à minha vontade virou minha vida do avesso. Ao tentar um atalho, construí uma estrada.

Eu já beirava os 40 quando apostei na vida de autônoma. Mãe solo de um bebê de três anos, meus pais já falecidos, sem patrimônio ou dinheiro guardado, mas diante de uma força que eu não imaginava haver em mim. Tomei vento e chuva no rosto até compreender: o maior perigo é a falsa sensação de segurança que mora do lado de dentro das grades. Aprendi a transformar o incerto em estímulo. A rotina tem lá o seu valor, mas o frio na barriga revigora. A vida de autônoma é uma batalha por dia, como arrumar um emprego hoje e ter de encontrar outro amanhã. Mas a sensação de estabilidade da carteira assinada costuma nos engessar, até escorrer por entre os dedos em um único telefonema do departamento pessoal.

Segurança pode ser um perigo. Arriscar é questão de sobrevivência.

**Definitivamente,
a vida não é para
os apressados.**

Mirante da Ampulheta

No meio da tarde eu me sentei no sofá para uma pequena pausa, o tempo de uma xícara de café. Sem abrir mão da elegância que lhe é peculiar, minha gata se encaixou no meu colo, transformando pausa em recesso – só quem tem gato sabe como é difícil abrir mão daquele quentinho aconchegado sobre as pernas. Era vírgula, virou ponto. Num assalto de afeto, fui obrigada a viver um pouco antes de voltar a me ocupar do que já passou, ou do que ainda estaria por vir. Meditei por alguns minutos e até cochilei um pouco, condenada a viver aquele instante.

Tantas vezes tentei parar o tempo, e vem um gato me mostrar como é simples.

Passei boa parte da vida brigando com a palavra. Eu tinha pressa, o tempo se arrastava. No barzinho badalado da cidade, ouvi o garçom dizer que não me serviria, que eu era menor de idade. E não era. Vivia esperando o aniversário, o namorado, o Natal, a hora de dançar música lenta – e o convite pra dança, que não vinha. Sonhava com o dia em que minha mãe finalmente me dissesse o "Oooi, filha!", como fazia a cada telefonema com uma das minhas irmãs, já casadas.

A infância dos meus irmãos e primos correu de mim. Eu era a última neta, só quatro anos a menos que minha irmã, a mais nova antes de mim. Enquanto eles se casavam, compravam casas, tinham filhos, eu habitava um hiato entre as gerações, quase um meio degrau.

E o tempo seguia mostrando sua mão firme. Levou minha mãe muito cedo, justo quando eu acreditava ter chegado o "nosso momento". Quando cessou o sofrimento dela, nem dei espaço para o meu. Meu pai seria meu presente, surpresa urgente demais para que eu me deixasse levar por qualquer outra dor. Quando éramos só nós dois, nos ganhamos um ao outro. Foi o bastante.

Saí de casa em busca de um tempo só meu. Mas nem tão segura disso. Logo me casei, era o que eu tinha aprendido com o tempo. Tentei ser mãe, o tempo correu com a ideia antes da hora, descasei, amei de novo. E foi o filho não planejado quem trouxe consigo os planos que eu nem imaginava ter.

Nessa dança de cedos e tardes, eu via no envelhecer uma metamorfose, como se a criança em mim evaporasse, de súbito. Foi então que olhei o calendário e me dei conta: meio século.

Deixei os fios grisalhos revoltos e me entreguei à mulher que eu cultivava havia anos. De mãos dadas, ela e a menina exibiram para a câmera uma coreografia ensaiada havia anos. Fui pra casa confusa e feliz. Quando as fotos chegaram por e-mail, enviei para meu namorado como quem exibe uma conquista: "Agora eu fiquei adulta".

Adulta e menina, todas as idades em mim. De vez em quando, veja você, o tempo vem e se assenta no meu colo para me fazer dormir. E logo volta a correr de novo, mas não tenho pressa. Mais adiante a gente toma outro café.

A mente trabalha melhor sem plateia.

Lago salgado

Recomendo a todo ser humano um pequeno livro do filósofo francês André Comte-Sponville, cujo título é *A felicidade, desesperadamente*. Diferentemente do que sugere o título, o autor não fala sobre o desespero, esse sentimento de angústia e de aflição, que acena para um certo descontrole. O livro é um tratado sobre a incompatibilidade entre a expectativa e a felicidade. Sobre a possibilidade de ser feliz estar muito mais na não espera, na ausência de expectativas.

A natureza tenta nos dar esse recado com a lógica da maternidade. Quando uma mulher quer muito engravidar, ela precisa aguardar sua menstruação não chegar, veja que paradoxo. O desafio é justamente driblar as expectativas e manter-se distraída. Quem já viveu tentativas e abortos espontâneos, como eu, pode dizer que é uma lição bastante dura. Depois de algumas tentativas, preferi deixar a ideia de lado e focar outro objetivo. Disse para mim mesma que nunca mais planejaria um filho, só engravidaria por obra do destino. E não é que deu certo?

Curiosamente, na gravidez do Francisco li outro livro que fala sobre espera, um guia direto e objetivo sobre a gestação: *O que esperar quando você está esperando*. Como já era de se esperar (ou não), a obra não previu a viuvez em plena gestação. Teria sobrado tempo para ler muitos outros livros que eu havia comprado pra ajudar na educação do Francisco. Faltou fôlego. Aprendi a maternidade em pleno luto, como quem se aventura a mergulhar com cilindro. Troquei páginas impressas por folhas em branco, já que precisei escrever, mais do que ler. Foi minha forma de respirar.

À minha espera ficou uma pilha de livros, aguardando tempos mais serenos. Outro dia mesmo eu tropecei num exemplar de *Limites sem trauma*, de Tânia Zagury, com um marcador de página no capítulo "Entre 1 e 4 anos". Francisco já tinha 12.

Repare como a nossa mente nos prega peças. Focando a ideia da maternidade, me distraí a ponto de não enxergar o momento agonizante de uma relação. Precisei de uma gravidez frustrada para enfim encarar a realidade do meu casamento. Poucos anos depois, perder o Gui era o que eu mais temia. Feliz por estarmos juntos, eu conseguia entristecer ao pensar que um dia, no curso natural da vida, a morte de um de nós dois colocaria um ponto final naquele amor. O que é uma tremenda estupidez. Sinto como se a vida me repetisse: "prepare-se para não estar preparada, é assim que vai ser".

Você já deve ter reparado nessa magia que a distração costuma oferecer. Quantas vezes nos prendemos a um pensamento obsessivo em busca de uma ideia, uma solução, e justamente quando nos distraímos é que surge a resposta? Os maiores insights costumam surgir justamente quando tiramos o foco do assunto.

É a vida mostrando o seu apreço pelo jogo do esconde-esconde. No entanto, para ativar o modo "distraído", é preciso aprender a ampliar nossos mundos. Como ensina a historinha preciosa que uma amiga me contou num momento de dor: "Havia um sábio, seguido por inúmeros discípulos. Um deles o procurou, buscando alívio para um grande sofrimento. O mestre sugeriu que fossem até a cozinha, encheu um copo de água, pediu ao discípulo que pegasse um punhado de sal e misturasse àquela água. 'Beba um gole e me diga que gosto tem', disse o mestre. 'Ruim, muito ruim', respondeu o aluno. Então o mestre sugeriu que caminhassem até um lago, levando o recipiente com sal. Ordenou que o discípulo misturasse um punhado de sal à água do lago e provasse. O discípulo bebeu não só um, mas muitos goles da água do lago. 'Refrescante, matou minha sede', comemorou. 'É este o ensinamento', disse o sábio. 'Não seja um copo, seja um lago'".

Se for sonhar, deixe de modéstia.

Menu de travesseiros

Eu tenho um sonho que é fazer poesia. Outro é me mudar de vez pr'alguma cidade da Europa, onde tudo pareça simples e imperfeito como num poema.

Sonhos são como gatos. Você vê por aí, se apaixona, adota. Mais adiante encontra outro debaixo de um carro, escondido atrás de um arbusto em plena praça. Dá água e comida, logo se apega e aí... já viu. Já realizei vários sonhos que nunca tive. Alguns me fugiram no meio da madrugada, sem que eu me desse conta. Tem sonho que me acorda à noite para eu não me esquecer de viver.

Fiquei boa em realizar sonhos impensados: é só não sonhar, que acontece. Promessas não feitas são mais fáceis de cumprir, assim como se constrói qualquer coisa com o que não aconteceu. Se o medo é capaz de construir e destruir tantas coisas, por que não levar um sonho a sério?

Planejar ainda é um aprendizado. Mas eu sei sonhar direitinho. Só não aprendi a viver sem sonho. Gosto de sonhar de manhãzinha, quando o sol ainda não chegou nos prédios baixos e eu o avisto da minha janela, acendendo os andares mais altos. Parece que ele me procura aqui embaixo, como quem vasculha uma caixa cheia de amores antigos. O sol bota as mãos em mim e me encontra rimando. Gosto porque é sem pensar, e eu sou boa em sonhar por acaso. Acordar e ver a caneta sem a tampa pousada sobre o caderno aberto. Que delícia me lembrar que escrevo.

O tempo me revela sonhos que jamais confessei para mim mesma. Publicar um livro, publicar outro. Ver o meu trabalho reconhecido e até a minha autenticidade vista como virtude. Compartilhar minha dor com um mundo de pessoas e descobrir que fiz bem. Perder um grande sonho, enquanto realizava outro, me levou a fazer coisas que jamais ousei sonhar.

Todo sonho quer ser realidade quando crescer. Mas isso importa pouco ou quase nada, importante é deixar o sonho brincar. A vida nos pede esse constante ajuste de rota. Sonhar e seguir sonhando, reformando desejos e expectativas para que sejam fonte de alegria, e não de frustração. Sonhar é combustível.

Quando você não tem a pretensão de, pode acabar conseguindo.

Praça do enquanto

Moro de frente para uma pequena praça bastante frequentada por um público fiel. Tutores trazem seus cães para passear, pais trazem as crianças pequenas, jovens e velhos se encontram e tomam cerveja. Alguns pais fazem ali as festas de aniversário de seus filhos. Ali os diferentes se encontram.

No começo da pandemia do novo coronavírus, a praça foi o antídoto para os que não conseguiam permanecer tanto tempo dentro de casa. Eu quase não frequento a praça, mas gosto de olhar pela janela e sentir aquela aura de cidade do interior. Da janela do apartamento ouço conversas e opiniões das quais muitas vezes discordo. Me irrito, vez ou outra, com o latido dos cães de donos diferentes que resolvem se enfrentar. Aqueles sons já fazem parte do meu dia a dia. A praça é uma espécie de quintal comum dos que vivem no entorno. Um território onde a convivência se torna possível, mesmo num país dividido em dois lados.

Eles têm a sabedoria de fazer da praça a sua casa. Não moram ali, mas conseguem viver na praça, esse lugar que para mim é passagem. Sentem-se mais à vontade na praça do que em seus próprios imóveis porque têm a sabedoria de apreciar o "enquanto" da vida. Sabem viver na proximidade do limite do outro. Com eles aprendo a dissolver a ansiedade pelos desfechos, treino minha aceitação do não controle – das coisas, dos encontros, dos defechos.

"Com quem será que ela vai acabar?", perguntamos sobre a novela a que assistimos na TV. Acabar é mesmo a palavra, pois temos uma obsessão pelo último capítulo. É no final que tudo dá certo: solteiros se casam, inférteis engravidam, vilões são presos ou ficam bonzinhos. Embalados por uma história contada aos poucos, criamos uma ilusão sobre nossas vidas. Adiamos a felicidade à espera de soluções para os emaranhados de nossas tramas. Já a novela, esperta, encerra a história no momento estratégico. Não há tempo para entrar em cena a rotina, próximo inimigo do casal que lutou contra tudo e todos para ficar junto. Depois do final feliz começa a vida real.

Como roteiro de vida, escolho as séries. Prefiro as pequenas alegrias aos finais apoteóticos. O tempo vai me ensinando a abandonar a obsessão pelos desfechos. O que faço das coisas simples ou até dos grandes dramas é o que define se minha vida vai ser uma novela ou uma série deliciosa, dessas que a gente "maratona" sem perder um episódio. Sigo evoluindo até finalmente frequentar a praça.

ORAÇÃO AO TEMPO

Tudo o que lhe peço, Tempo, é que me salve
   do meu coração.
Dessa entrega absurda de ir até o outro
   e me deixar sem mim.

O que lhe peço, Tempo, é o caminho do meio.
Aprender a receber antes de me entregar.
   Ver além.
Peço que me devolva a mim mesma.
   Que eu me reconheça e me acolha.
Me aqueça em meus buracos escuros
   e definitivamente me toque.
Que eu saiba cuidar somente do que
   me cabe. E deixe ir. E deixe vir.
Natural, inteira e suavemente.
Que a vida me encontre distraída, sem
   a ânsia de buscar o que não sei.
O que não vale. O que não é.

O que lhe peço, Tempo, é a aceitação do
   tempo e da vida como ela é.
Sei que ela me aguarda plena e legítima.
Mostre a ela o caminho até mim.

Enquanto isso, me adormeça em paz até
   que a verdade me alcance como um beijo.
Tire de mim essa ânsia de ser feliz, inverta
   a ordem das coisas
e assopre no ouvido da alegria o momento
   de me capturar sem volta.
Que eu me aquiete na paz do merecimento,
   sem dar um passo ou um pio.
Que apenas contemple.
Que eu resista à tentação de correr para
   o que ainda não está pronto.

Que eu me apronte para a surpresa
   de um dia simples.
Que eu acorde como quem nasce.

Amém.

Sorria, você não está sendo filmado

Dor na coluna, dores nas pernas, dificuldade de locomoção. Eu sentia tudo isso no segundo trimestre da gravidez, mas preferia me concentrar na alegria da proximidade da chegada do Francisco. Só não conseguia driblar as câimbras na panturrilha esquerda, que me tomavam de assalto sem aviso. Podia ser ao colocar o pé na embreagem do carro ou até numa inocente espreguiçada na cama durante a noite. Sorte minha ter o Gui sempre ao meu lado. Sempre a postos, como o massagista que invade o campo pra acudir um jogador contundido, ele chegou a ficar com o sono mais leve pra me socorrer durante a noite.

Quando ele não estava mais aqui, as câimbras simplesmente sumiram. Quanto aos outros sintomas no corpo, talvez eu não os tenha mais notado, concentrada na dor que me tomava a alma. É bonito esse mecanismo que parece ajudar o organismo a identificar o que é prioridade e se empenhar nisso. Diante das dores físicas, o luto parecia mais urgente. Somos treinados para a sobrevivência. À medida que ficamos adultos, mais rápido sublinhamos alertas, perigos e más notícias.

Por isso mesmo, é preciso treinar corpo e alma para voltar a enxergar aquela alegria que na infância parecia tão simples.

Aliás, da língua portuguesa, a palavra "alegria" é a que tem mais sinônimos. Só para citar alguns: passarinho cantando; sorriso besta no canto da boca, bala vermelha do pacote; closet da Carrie Bradshaw; cantando na chuva; *rain drops keep falling on my head*; copo de água gelada na sede; vaga na porta; presente sem data especial; cheiro de chuva no mato; segredo compartilhado; cerveja gelada no sábado de sol; cantada inteligente; onda de sinais verdes; a velha calça azul e desbotada; teste positivo de gravidez; cama macia; despertador desligado; finalmente um banheiro; feriado na quarta-feira; achar dinheiro no bolso do paletó.

O homem é o único animal que mostra os dentes em sinal de alegria. As outras espécies, em sua maioria, o fazem para avisar que não estão de brincadeira. O gesto humano de mostrar os dentes como sinônimo de abrir uma janelinha na alma é mais um sinal da nossa "singularidade". Por outro lado, não é por sermos racionais que a nossa alegria tem receita. A alegria de verdade não vem porque algo acontece. O sorriso aparece porque a alegria já está ali e pronto. Quem sabe o tempo ensine, mas não é para qualquer um. A alegria é uma transgressora nata, não aparece forçada nem em datas programadas, não responde a padrões e não está nem aí pra foto: adora envergar o corpo, bagunçar o cabelo e fazer careta. A alegria tem um quê de anarquista.

Quando vejo minhas próprias fotos, gosto das que exibem um sorriso sincero, gostoso, genuíno. Que revela a minha alma, essa que ninguém rouba de mim.

Pode reparar: os sorrisos mais bonitos não são os de dentes alinhados. Alinhada é a última coisa que uma alegria é. Sorrisos espontâneos, incidentais, escandalosos parecem abajures, de tanta luz que têm por dentro. A arcada pode até ser retinha, mas no desalinho mora o seu selo de autenticidade.

A alegria não quer dominar o mundo nem se mete na vida alheia. Não tem os olhos voltados para fora nem para o umbigo, e sim fechados, de satisfação. Não é nem pretende ser felicidade, porque ela se contenta em ser só alegria. Ela é contente, olha que palavra linda. Se o alegre é bonito, o satisfeito é meio esquisito e o feliz anda meio desgastado pelo uso, o contente diz tudo. Palavra plena, repleta, contida do bastante, do suficiente.

Já a felicidade é uma perspectiva, muito mais do que um sentimento. É maior e mais perene, preenchida de tristezas e alegrias de tons variados. Não é um quadro, é o conjunto da obra. É consequência, sem nunca ter sido objetivo.

Dizem que ela não tem luxos nem vaidade. Frequenta rodas de samba, curte churrascos na laje, preenche sorrisos com falhas nos dentes. Enquanto muita gente enche a taça de champanhe e só encontra bolhas. Como boa celebridade, a felicidade é *low profile*, vive se escondendo das câmeras. Se tem gente que adora sair à francesa, a felicidade gosta mesmo é de chegar à francesa. Repare: quantas vezes ela estava lá e você nem percebeu?

O mundo me recebe
melhor quando sou
casa para mim mesma.

De volta para casa

Adoro acordar no fim de semana e colocar a casa em ordem. Ouço uma boa playlist enquanto esvazio a caixa de areia dos gatos, varro o chão, tiro as louças da máquina de lavar. É meu momento de namorar minha casa, meu ritual de autocuidado. De segunda a sexta a rotina segue, simplificada. Por anos deleguei a tarefa, até deparar com a pandemia. Com ela aprendi a ressignificar o que na casa dos meus pais me parecia tão chato. É que hoje eu me sinto em casa como nunca: tudo em volta fala sobre o tempo, as escolhas, as conquistas. A casa em que vivo hoje fala da construção que fiz de mim. E que não parou ainda, claro. Estou sempre em obras. Mas, a despeito de um sofá que os gatos arranharam, é a casa mais linda que eu jamais poderia sonhar. Eu me vejo nela, e gosto do que vejo, com todas as dores, memórias, tropeços, acertos. Nunca estive tão em paz comigo.

As casas onde moramos na vida passam a morar na gente, vão conosco para onde formos – como exemplos, memórias, inspirações. Quando sonho com as pessoas da família, estou sempre na casa onde morei mais tempo com meus pais. Ali, a "sala de visitas" só era frequentada pelas visitas. Mal-assombrada e escura, tinha um móvel de madeira muito bonito, com grandes gavetas que guardavam os talheres de prata da família. Sempre que eles iam ser usados, precisavam ser limpos com um produto pra clarear a prata e deixá-los brilhantes para a noite de gala. Nesses raros jantares finos em casa, os copos verdes com beiradas douradas também saíam do armário. Só para as visitas. No dia seguinte, a gente voltava a usar os pratos Duralex. Feios, coitados, mas duros na queda.

Quando meu irmão foi construir sua primeira casa, num lote com vista para as montanhas, fez um diário de fotografias. Registrava-se, com a mulher e a filha pequena, nas áreas que viriam a ser o quarto do casal, o quarto da filha, a sala, a cozinha, enquanto cresciam os muros e as paredes. O sonho do meu irmão cresceu como álbum de infância. Ele encontrou um jeito de brincar com o tempo e cultivar essa planta difícil da paciência. A família aumentou, saiu da cidade, pegou barcos de pescaria, voltou para as montanhas. Não para a mesma casa, porque a vida também muda. Mas a vida sempre volta pra casa.

Quando o meu filho era bebê, a gente passava muitos domingos na casa dos avós, os pais do pai dele. No fim do dia, ele me olhava daquele jeito sedutor dos bebês e pedia: "Mamãe, vamos pra nossa casinha?". Acho que ele aprendeu desde cedo a gostar de ter um canto, um lugar que é dele. Morar é um verbo tão bonito.

Eu fui morar sozinha aos 27 anos. Aluguei o apartamento de uma amiga e arrematei um lote de móveis de um casal mexicano que tinha morado no Brasil a trabalho. Que sensação deliciosa ir montando a própria casa. Mas aí comprei uma cachorrinha, ela adoeceu, eu me apaixonei pelo veterinário, namoramos, inventei de casar. E no casamento eu experimentei o verdadeiro sentido da expressão "solidão a dois". A gente se separou, eu me apaixonei de novo, mas me mudei de mim mesma. Eu queria morar no outro, e não mais em mim mesma, como era o meu desejo quando saí de casa. Eu me perdi um pouco de mim.

Nesse meio-tempo, meu corpo virou casa para alguém. O Francisco estava chegando pra me ensinar muitas coisas. Dois meses antes de ele nascer, com a perda do pai dele, a casa em que eu planejava morar deixou de existir, assim, de um segundo para o outro. Seria a mesma casa, mas estava prestes a virar outra, com dois habitantes apenas. Seria agitada, barulhenta, colorida e menos organizada? Não importa.

Francisco nasceu, abriu um sol dentro de mim, entendi que eu podia abrigar sentimentos diferentes, opostos até. Desde que eu arrumasse a casa. Passou a morar dentro de mim quem se foi. O Francisco deixou de morar em mim e veio para a minha vida. Era um impulso e tanto para eu tratar de me encontrar.

E foi ali, encarando a falta e a grandeza de ver um filho crescer, que eu comecei a me construir. Se meu irmão fez poesia registrando os pontos do lote que seriam os cômodos no futuro, encontrei os meus caminhos para colorir esse verbo árido chamado construção. Ressignificada, a obra me poupou da poeira.

O luto faz da gente um lugar ruim. A gente se muda para uma espécie de cela blindada, de onde só sai para rápidos banhos de sol. Logo queremos voltar para aquele lugar que, mesmo sombrio, ainda é onde a gente se sente menos desconfortável. A gente quer se mudar da gente mesmo. E não tem jeito, o jeito é mudar a gente. Até conseguir mudar o entorno.

Nesses anos todos eu também me construí. Levou um bocado de tempo, pois é feito dele o alicerce. E que palavra bonita. "Construção não é laje, é alicerce", ouvi outro dia. Não é tijolinho, parede cor de cimento como anda em moda, não é decoração pra sair em revista. Acabamento, como o nome diz, vem no final. E a gente nem sabe quando acaba. Levei a vida inteira pra construir essa descoberta. O importante é respirar por todo o caminho. No trajeto, se vive, ou melhor, a vida é o trajeto.

No verão, sair para o mundo; no inverno, voltar ao silêncio e ao cobertor. O ciclo natural da vida e das coisas. Invernar é o rejunte, o que liga e torna perene.

Quantas vezes quis tudo pra ontem, tantas outras adiei para um amanhã que nunca chegava. Ora eu queria mudar de um dia para o outro, ora fazia planos e os deixava no caminho. Mudar é um parto: antes dele, a gestação. A vida pede tempo pra quebrar a casca, deixar o quentinho do cobertor, desapegar-se e abraçar o vazio. Mudanças são contrastes, nascer é ruptura. Construção é transição.

Hoje, gosto de namorar minha casa todo dia. Amo a luz que entra pelas janelas, trazendo o mundo para perto sem tirar nossa privacidade. Rio com as senhorinhas conversando bem cedo, debaixo da minha janela. As maritacas cantando até de noitinha costumam enfeitar as gravações de textos para minha coluna no rádio. Aqui o silêncio e os sons vivem em harmonia.

Moro num prédio de 1958, três andares, sem elevador, vizinhos que são como família. Francisco tem amigos no condomínio e se desloca a pé para a casa dos amigos. Fica na praça o nosso espaço gourmet: toda semana tem feirinha e festa. A poucos passos tem supermercado, padaria, farmácia, banco, lavanderia. Da minha janela vejo a lanchonete que serve um pão de queijo dos deuses. Um café charmoso serve um almoço de mãe logo ali. Usamos pouco o carro. Cumprimentamos as pessoas como no interior. São menos de 100 metros quadrados abrigando o luxo que mora nos detalhes. Decorada com calma, minha casa espelha a paciência que aprendi a cultivar. Aqui me refugio das provocações de um mundo que está longe de ser como eu desejava.

Nem sempre foi assim, não foi por encomenda. Eu morava no bairro, não estava feliz com o som de carros da avenida, mas já havia desistido de procurar outro lugar. Num passeio de bicicleta, Francisco avistou a placa indicando disponibilidade, justamente no ponto que acenava como uma espécie de oásis afetivo. Foi a minha casa quem me convidou pra morar nela.

Ela é o reflexo da minha trajetória e da minha construção. Aqui cultivo o silêncio sem a rigidez que me tiraria a leveza. Olho para dentro sem me fechar para o mundo. Estou em casa na minha própria companhia, com amigos por perto. Mora aqui uma alma que dança, canta e se aquieta.

Desde que saí da casa do meu pai, há mais de 20 anos, mudei de endereço oito vezes. Foi preciso tempo para me conhecer, como podemos levar anos para apurar nosso jeito de vestir. Hoje, sei me aninhar melhor nesta casa que eu sou para mim mesma. Aprendi a morar aqui e em mim.

A vida é
melhor com
uma pitada
de limão.

A fantástica fábrica de limonada

"Se a vida lhe der um limão, faça uma limonada", é a frase que gostamos de repetir. E eu sou boa nisso. Fiz limonada, torta, caipirinha, mousse de limão. E ainda usei o limão pra temperar a salada. Demorei a ter um relacionamento saudável e feliz depois da viuvez. Atraí amigos e parceiros estranhos e isso só mudou quando entendi que, dentro de mim, havia algo que não me via como merecedora. Foi preciso um bocado de tempo pra abrir mão de crenças erradas sobre mim mesma. Para aprender a dizer não, a me priorizar e compreender que ser forte não é sinônimo de conseguir fazer tudo sozinha.

"Guerreira", costumam dizer sobre mim. Meu sobrenome reforça a imagem. Talvez eu tenha um certo gosto pelas batalhas por conta desse orgulho do nome. Veja você como a nossa psique nos prega peças. Sim, "Guerreira", eles costumam dizer. Bonito, mas cansa. Como se não bastasse, meus aprendizados se tornaram objeto do meu trabalho. "Você é tão forte", costumo ouvir muito. Convencidos por aquilo que o meu visual sugere (cabelo curto grisalho, pele tatuada, um certo nariz empinado pra vida), muitos me enxergam como uma fortaleza. Mãe solo, perdas consideráveis ao longo do caminho, uma virada na carreira em plenos 40. Escrevo, dou palestras, viajo muito, já publiquei muitos livros, costumo me reinventar se for preciso e ainda tenho o sobrenome Guerra. Mas é preciso ter muito cuidado com essa imagem. É fácil mitificar o outro, a vida do outro, e sentir-se fraco diante dele. Parece irresistível embalar esse pacote de idealizações, colocar um selo bonito e rotular: fortaleza.

A verdade é que todos temos muita força dentro de nós e, claro, costumamos encontrá-la nos momentos mais duros, que é quando ela de fato se mostra, como o corpo de bombeiros que surge na hora da emergência. Mas não existe essa história de *self-made woman, self-made man*. Ninguém prospera sozinho, ninguém é tão forte sem a ajuda de outras pessoas. O "bloco do eu sozinho" costuma cansar ao longo do carnaval. Não dá pra batucar, tocar reco-reco, cuíca e tamborim e sambar ao mesmo tempo. Ninguém acumula os cargos de mestre-sala e porta-bandeira.

As pessoas me acham forte porque não conhecem minha rede de apoio – e posso dizer que me torno mais forte à medida que aprendo a delegar e a escolher quem deve estar por perto. Um dos maiores aprendizados da maturidade é compreender que sozinhos não vamos longe. E aprender a construir essa rede que nos fortalece para a caminhada. Amigos, parceiros, alguém para apoiar em casa. Médicos, terapia, acupuntura, massagem e o que mais for preciso. Ser forte é antes de tudo compreender quando precisamos de ajuda. E eu aprendi isso de tal forma que, ao menor sinal de perigo, convoco logo o meu exército da salvação.

Também não me canso de investigar e descobrir o que me faz bem para me alimentar do que for preciso, ainda mais agora, depois dos 50 anos. Adoro nadar, por exemplo. O silêncio do mergulho lembra o conforto uterino, mas é do meu pai que me recordava nos segundos de apneia. Fumante inveterado, ele atravessava a piscina num fôlego só. Tinha o dom de não respirar. Nadar é minha luta suave pela saúde. Encher o pulmão de vida. Cadenciar o movimento do corpo com a liberação do ar. Persistir na calma para não se sufocar. Manter o exército sereno, atento à sobrevivência. Já o cigarro é a desistência insistente, um respirar ao contrário, o pedido de socorro de quem sente a dor de viver. Aos 64, o pulmão do meu pai sucumbiu ao câncer. Descansou enfim o coração que doía.

"Guerreira", insistem em dizer. Irresistível associar meu sobrenome à minha história. Até ontem, minha guerra era contra essa vocação involuntária para a batalha. Quando eu nadava todos os dias, passei a entender: viver pede essa constante vigilância, o treino diário do cair, levantar, permanecer. É preciso estar sempre a postos.

Fiz as pazes com a guerra, elogiei a tropa e serenei o pensamento. De hoje em diante, anuncio que minha fábrica de limonada virou franquia. Posso licenciar meus aprendizados, mas não estou disposta a ficar atrás do balcão espremendo limões. Bom mesmo é montar um quiosque na praia, com uma equipe eficiente, e, logo de manhã, arranjar meu lugar ao sol, estender a toalha e correr pra dar um mergulho.

"Morreu de quê?", as pessoas perguntam. Eu quero é viver das coisas. De mergulhos no mar, de tanto andar pelo mundo, de perder o ar de tanto rir, de fazer livro com as incertezas. Viver de morango, margarita, chocolate, champanhe. Viver de amor e de muito. Quero morrer é de vida.

Facebook, Instagram e WhatsApp são marcas registradas de Facebook, Inc. / Wi-Fi é uma marca registrada da Wi-Fi Alliance / TEDx é uma marca registrada de TED Conferences, LLC. / Veja é uma marca registrada da Abril Mídia S/A / Google é uma marca registrada de Google, LLC. / Netflix é uma marca registrada da Netflix, Inc. / Disney e Procurando Nemo são marcas registradas da Disney / Oscar é uma marca registrada da Academy of Motion Picture Arts and Science / Photoshop é uma marca registrada da Adobe / São Paulo Fashion Week é uma marca registrada da São Paulo Fashion Week / Homem-Aranha (Spider-Man) é uma marca registrada da Marvel Characters, Inc. / Charlie and Lola é uma marca registrada da Tiger Aspect Productions Ltd. / Batman e Super-Homem (Superman) são marcas registradas da DC Entertainment / Twitter é uma marca registrada de Twitter, Inc. / Livraria Cultura é uma marca registrada da Livraria Cultura S/A / Stella Artois é uma marca registrada da Ambev / Duralex é uma marca registrada da Nadir Figueiredo / Sony e Sony Cyber-Shot são marcas registradas de Sony Brasil, Inc. / Forbes é uma marca registrada de Forbes Brasil / Friends, Harry Potter e Laranja mecânica (A Clockwork Orange) são marcas registradas da Warner Bros. Entertainment Inc. / Folha de S. Paulo é uma marca registrada da Folha de S. Paulo / Emergência 911 (Rescue 911) é uma marca registrada da CBS Media Ventures

Esta obra foi composta em Gimlet Text
e New Hero e impressa em papel
Pólen Natural 70 g/m² pela Corprint Gráfica.